Ruth Schuhmann
Die wunderbare Welt der Elfen und Feen

RUTH SCHUHMANN

Die
wunderbare
Welt der
Elfen und Feen

mit 56 Farb- und
23 Schwarzweißabbildungen

Eulen Verlag

ISBN 3-89102-465-7

www.eulenverlag.de

Inhalt

Widmung

Für Dieter

Danksagung:

Mein Dank gilt vor allem Dieter Fuchs, der immer zur Stelle war, wenn vorwitzige Kobolde mal wieder den roten Faden dieses Buches verbumfidelt hatten.
Außerdem danke ich für ihre tatkräftige Unterstützung: Laszlo Borka, Karin Dickel-Jonasch, Claude Gengler, Walther Weitzel und all den Mitgliedern des Freundeskreis Anderwelt, die mir zur Seite standen.
Nicht zuletzt bedanke ich mich bei Harald Gläser, der den entscheidenen Anstoß zu diesem Buch gab und bei Evelyn Walther für ihre Geduld.

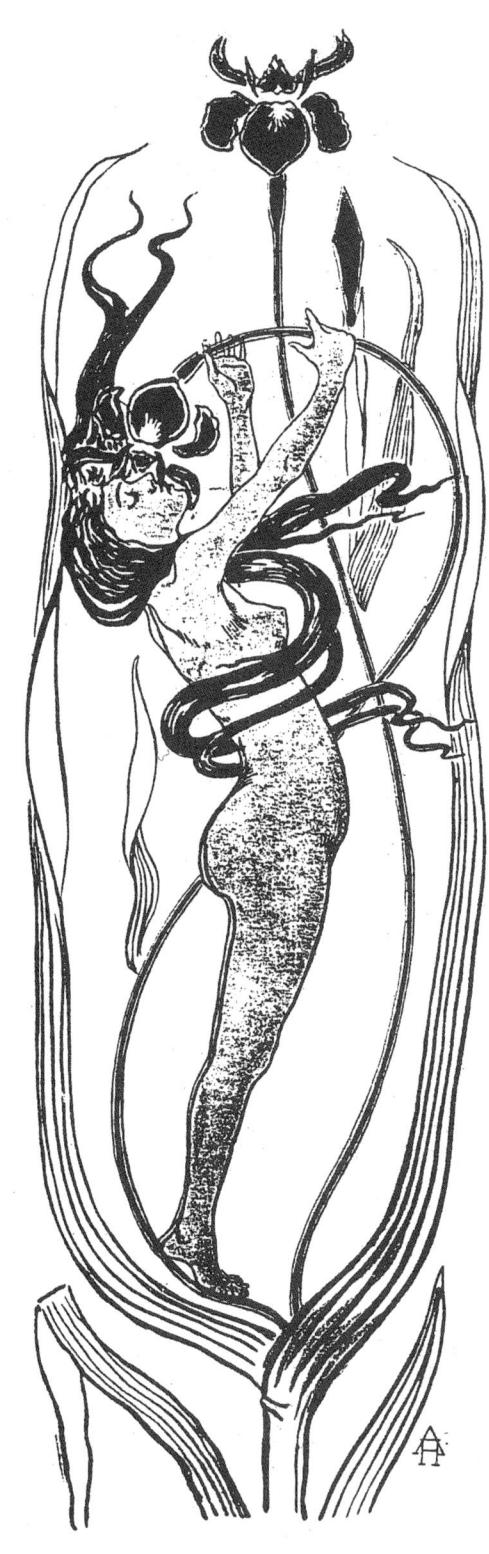

Die wunderbare Welt der Elfen und Feen

Vor vielen Jahrhunderten, als die Kirchenglocken in Europa den Sieg des Christentums über die Heiden verkündeten, verschwanden die Elfen, Feen, Kobolde, Zwerge, Trolle, Nixen, Natur- und Elementargeister und wie sie noch alle genannt werden aus unserer Welt. Sie zogen fort, weil sie den Glockenklang nicht ertragen konnten. Zahlreiche Legenden erzählen von Fährmännern, die die Scharen der Kleinen Leute übersetzten wie etwa die Wichtel aus dem thüringischen Spatenberg am Ufer der Werra. Zwergenfamilien baten um Mitfahrgelegenheiten bei Fuhrleuten, weil sie wegziehen müssten – sie könnten das „Ding-Dong" nicht mehr länger ertragen. In Schlesien waren einst alle fortgezogen bis auf ein einziges Zwergenpaar, das sich von der Heimat nicht trennen mochte. Eines Abends sah man das Männlein laut jammernd davonlaufen. Einem befreundeten Bauern erzählte es noch, seine Frau sei tot – das Geläute hätte ihr den Kopf zerrissen. In Wales verließen die Elfen anlässlich der Krönung von Heinrich II. geschlossen und auf immer das Land. Das Dauerläuten zu Ehren dieser Festlichkeit war ihnen endgültig zu viel.

Die Elfen sind also angeblich alle verschwunden. Aber wo sind sie hingezogen? Und sind wirklich alle mitgegangen? Vielleicht hat ja auch den einen oder anderen das Heimweh wieder zurückgetrieben. Womöglich haben sie sich an den Klang der Glocken längst gewöhnt und leben jetzt wieder mitten unter uns – und lachen sich ins Fäustchen, weil niemand auch nur vermutet, dass sie wieder da sind. Folglich macht sie jetzt keiner mehr für irgendetwas verantwortlich und sie können in aller Ruhe ihre Streiche aushecken. Wenn Kugelschreiber verschwinden und ganz woanders wieder auftauchen, würde da irgendwer an einen Brownie denken? Oder wenn man ganz bestimmt ein ganzes Paar Socken in die Waschmaschine gab, aber nach der Wäsche nur noch einer wieder auftaucht – dann ist das zwar mysteriös, aber doch sicher nicht der Streich eines übermütigen Hobgoblins.

Und sicherlich ist für die Lawinen in den Bergen kein unwilliger Naturgeist mehr verantwortlich, oder etwa doch?

Christentum hin oder her, viele der alten Traditionen und Gebräuche im Zusammenhang mit der Anderwelt leben bis heute fort. Und manche von ihnen waren sogar so stark, dass sie in die christlichen Bräuche mit aufgenommen wurden. Man denke nur an Ostereier, Mistelzweige und Pfingstochsen.

Das Wissen über die einzelnen Gattungen und Arten der Unirdischen ging allerdings nach und nach verloren. Wer weiß denn heute noch den Unterschied zwischen einem Erdmännchen und einem Zwerg? Und nennt man sie jetzt allgemein Elfen, Feen oder Naturgeister? Sind sie alle böse und hinterhältig und dazu klein und hässlich?

Solche Fragen sind eigentlich nur mit einem entschiedenen „Kommt drauf an!" zu beantworten. Es gibt von Grund auf grausame und gewalttätige Elfen, aber die sind die Ausnahme. Die meisten sind wie die Natur, in der sie leben, mal segensreich, mal Unglück bringend. Begriffe wie Moral, Mitleid, Gnade sind den meisten von ihnen völlig unverständlich, ja, sogar fremd. Dazu kommt, dass sie alle einen wankelmütigen, unsteten Charakter haben und lebhaft, melancholisch, schnell beleidigt und also rachsüchtig, freundlich, gehässig, fröhlich und todunglücklich sein können – manchmal sogar alles gleichzeitig. Der Umgang mit ihnen birgt also immer auch Gefahr in sich. Auf eines aber kann man sich bei ihnen immer verlassen: Sie haben einen ausgeprägten Ehrenkodex. Was sie versprechen, halten sie auch, koste es, was es wolle. Umgekehrt erwarten sie das genauso uneingeschränkt von anderen – auch von uns Menschen. Nichts lassen sie als Entschuldigung gelten, wenn ein Versprechen mal nicht eingehalten wurde, und einen Wortbruch werden sie einem niemals verzeihen. Vorsicht ist ebenfalls geboten, wenn man von ihnen spricht, denn der Wind trägt ihnen fast jedes Gespräch zu. Und sie kennen keinen Spaß, wenn sie glauben, man spräche schlecht von ihnen. Vielerorts werden sie deshalb – tabumäßig – umschrieben mit Bezeichnungen wie das „Stille Volk" - für Zwergensippen, die besonders laut in Bergwerken hämmern. Elfen, die gerne Milch stehlen und sich auch sonst gern bei den Menschen bedienen – sei es Brot oder Handwerkszeug – heißen die „Guten Nachbarn", die Wilde Jagd ist das „Friedliche Volk" usw.

Wenn sie jemandem erscheinen – denn in der Regel sind sie unsichtbar – sind sie riesengroß oder winzig klein, von überirdischer Schönheit oder garstig und bucklig. Sie können als Vogel erscheinen, als Katze, als Pferd oder als Kröte. Gerade ihre Verwandlungskünste machen es schwer, sie voneinander zu unterscheiden. Und das macht den Umgang mit ihnen nicht gerade einfacher.

In diesem Buch wird versucht, die wichtigsten Arten und Gattungen dieser Wesen vorzustellen. Um dem Wirrwarr der Begriffe Elfen, Feen, Über-,

Elfen und Feen sind Verwandlungskünstler. Mal sind sie riesengroß, mal winzig klein, schön oder hässlich. Sie können jederzeit die Gestalt eines Vogels, einer Katze, eines Pferdes oder einer Kröte annehmen.

Unter-, Außerirdische etc. zu entgehen, verwende ich als Oberbegriff die Bezeichnung „Elfen". Das tat ja auch schon Ludwig Tiecks in seiner gleichnamigen Erzählung. Erst später unterschied er sie dann, in Wasser-, Baum-, Feuerelfen etc. Gelegentlich nenne ich sie auch einfach Geister, wobei ich sie dabei nicht mit Gespenstern oder Spukgestalten gleichsetze. Die Welt, aus der sie kommen und in die ab und zu auch Menschen geraten, ist die Anderwelt und nicht, wie es leider inzwischen allgemein gebräuchlich ist, die Anderswelt. Letzteres ist eine meiner Meinung nach fehlerhafte Lehn-Übersetzung des englischen Begriffs *„Otherworld"*, der eine andere Welt als die unsere, eine neben unserer Realität liegende, bezeichnet. Ginge es darum, dass diese Welt anders ist als die unsere, würde es wohl eher *„Different World"* heißen.

Ganz sicher ist meine Aufzählung nicht vollständig. Die Bewohner der Anderwelt sind so zahlreich und vielfältig, es konnte gar nicht ausbleiben, dass ich einige nicht erwähnte. Auch wird hin und wieder dieselbe Elfe völlig unterschiedlich dargestellt. In solchen Fällen bevorzugte ich die häufigere – und meist auch wahrscheinlichere Version. Ich bitte also jede Elfe, die sich vergeblich in diesem Buch sucht oder völlig falsch beschrieben fühlt, schon jetzt um Verzeihung. Dieses Buch wurde schließlich nur von einem Menschen geschrieben, was kann man da schon anderes erwarten als etwas Unvollkommenes.

Um die auch so noch verwirrende Vielfalt in eine gewisse Ordnung zu bringen, unterscheide ich die Elfen nach ihren Lebensräumen, denn verschiedene Umgebungen bringen unterschiedliche Wesen hervor. Das ist auch bei den Geistern so. Warum sollte es bei ihnen auch anders sein als bei Pflanze und Tier, sind sie doch Personifikationen der Natur selbst. Natürlich ist mir bewusst, dass diese Einteilung grob und schematisch und ganz sicher nicht „wasserdicht" ist, gibt es doch durchaus auch Elfen, die überall leben, ob in den Bergen oder am Wasser. Trotz allem erschien mir diese Lösung als die beste, um eine gewisse Übersichtlichkeit zu wahren.

Beginnen wir also oben in den Bergen und steigen hinab ins Tal bis hin zum Meer.

Moritz von Schwind (1804 -1871),
Rübezahl um 1845

Berge

Berge sind zugleich abweisend und verlockend, majestätisch und gefährlich. Wer sie bezwingen will, dem fordern sie alles ab und das Leben in ihrem Schatten ist auch heute noch kein einfaches. Kein Wunder, dass die Gebirge reich sind an Geheimnissen, verborgenen Schätzen und Geistern. Sind doch schon die Menschen in den Bergen zum Teil seltsame Käuze, die sich von den Flachländern in vielem unterscheiden.

Im Gebirge

Der bekannteste Gebirgsbewohner ist wohl **Rübezahl** aus dem Erzgebirge. Er wird zu den Riesen gezählt, aber weil er so ziemlich jede Gestalt annehmen kann, weiß keiner so genau, ob das auch wirklich stimmt.

Einst begehrte er die Königstochter Emma zur Frau. Weil die Schöne nicht freiwillig die Seine werden wollte, raubte er sie und hielt sie in seinem Schloss gefangen. Damit sie sich nicht zu einsam fühlte, gestattete er ihr, aus Rüben menschliche Gefährten zu zaubern. Die schrumpelten aber über kurz oder lang alle ein – Rüben trocknen nun mal aus – und so konnte diese Lösung Emma auf Dauer nicht trösten. Sie sann also auf Flucht. Unter dem Vorwand, sich einen ganzen Hofstaat anlegen zu wollen und nicht zu wissen, ob genug Rüben vorhanden wären, schickte sie den verliebten Riesen zum Rübenzählen. Kaum war er weg, floh sie auf einem schnellen Hengst, den sie aus der letzten Rübe zauberte, die sie noch hatte. Währenddessen zählte der Berggeist – und peinlicherweise verzählte er sich auch immer wieder, sodass er die Flucht erst entdeckte, als es längst zu spät war.

Die Braut war also weg und der Riese bekam obendrein noch einen Spitznamen angehängt. Danach war er auf die Menschen nicht mehr so gut zu sprechen und zeigte sich ihnen am liebsten als ein gefürchteter Geselle. Aber sein gutes Herz war ihm geblieben: Bedürftige, die sich ihm aus echter Not heraus näherten, wurden niemals ungetröstet heimgeschickt. Wenn er Tannenzapfen verschenkte, hütete man diese wie einen Schatz. Über Nacht wurde dann nämlich wirklich einer draus, wenn sich die Zapfen in lauteres Gold verwandelt hatten.

Ludwig Richter (1803-1884), Rübezahl (1848). Richter bezieht sich in seiner Radierung auf eine Begebenheit, die der zweiten Legende bei Musäus entspricht. Der Berggeist ist beim Anblick der Mutter und ihrer vier Kinder milde gestimmt und verwandelt deren gesammeltes Laub in Gold .

Von vielen Berggeistern wird erzählt. Und nicht alle sind den Menschen wohl gesonnen. So gab es einen im Lesachtal in Österreich, der galt als jähzornig und böse. Alle Hirten mieden ihn. Wenn er auf den Berggipfeln saß und sang, erstarrten sogar die Gemsen vor Schreck. Auch so mancher Erdrutsch war auf diesen schauerlichen Gesang zurückzuführen. Er war ein zottiger Bursche, gehüllt in schwarzes Fell, weshalb man ihn auch **den Schwarzen** nannte, auf dem Kopf einen Hut mit einem riesigen Gamsbart. Eines Tages hörte man ihn heulen und wehklagen und kurz danach gab es einen gewaltigen Erdrutsch und der Berggeist wurde unter Felsblöcken begraben. Vielleicht ist er aber auch nur fortgegangen. Jedenfalls war seit diesem Vorfall Ruhe. Die Stelle, an der ihn die Felsen getroffen haben sollen, heißt noch heute die Schwarze Kluft.

Im Hintersteiner Tal bei Hindelang hausen die **Wildfängl**, kleine Kerle, die von oben bis unten behaart sind – ähnlich zu klein geratenen Yetis. Einmal forderten Holzarbeiter, die gerade einen Baum spalteten, ein vorbeikommendes Wildfängl auf, seine Hände in den klaffenden Spalt zu stecken, was das Wildfängl auch arglos tat. Die Holzer ließen daraufhin los, der Klotz klappte zusammen und klemmte die Hände des kleinen Kerls jämmerlich ein. Sein Heulen und Schreien hat den Arbeitern anscheinend großen Spaß gemacht.

Verständlich, dass die Wildfängl von da an auf die Menschen alles andere als gut zu sprechen waren. Eine Begegnung mit ihnen sollte man also unbedingt vermeiden. Sie trachteten seitdem danach, einem zu schaden, ob durch Erdrutsch oder Steinschlag, und so manch einer hat es schon mit dem Leben bezahlt, einem Wildfängl über den Weg gelaufen zu sein.

Ein anderer wenig beliebter Berggeist ist das **Dengelmännle**. Es geht auf den Almen und in den Bergen um und hört man es dengeln („dengeln" ist die mundartliche Bezeichnung für das Schärfen einer Sense mit einem Schleifstein. Der dabei entstehende Klang erinnert an das Gebimmel einer kleinen Glocke, weshalb mancherorts auch das Glockenläuten „dengeln" heißt), meistens bedeutet das, dass einer der Anwohner demnächst sterben wird.

Bergeister sind fleißige, meist zottige Gesellen. Dem Menschen zeigen sie sich nur selten und wenn, dann ist Vorsicht geboten.

Im österreichischen Ahrntal, bei der Pürschalm in St. Peter lebt dagegen ein Berggeist, der freundlich ist und den lediglich hin und wieder der Hafer sticht, sodass er einfach Schabernack treiben muss. Er heißt das **Hüterle**, weil er ohne Vorwarnung die Herden wegtreibt, und man die Tiere erst viel später – unversehrt und vollständig – an Stellen wiederfindet, wohin sie kein verantwortungsbewusster Senn gelassen hätte.

In den bayerischen Alpen haben die Hirten eher Probleme, wenn es zum Almabtrieb kommt, denn dann treibt der **Winterschwoager** sein Unwesen, schnalzt mit der Zunge, dass das Vieh verwirrt ist, oder erscheint den Sennen in Gestalt ihrer verstorbenen Vorgänger.

Das **Kasermanndl** in Tirol und den Salzburger Alpen zieht mit Vorliebe in die nach dem Almabtrieb verlassenen Sennhütten ein und ahmt die Tätigkeiten des Senners nach: Er treibt sein eigenes, unsichtbares Vieh aus, melkt es und – macht Käse. Daher auch sein Name. Das alles geschieht unter viel Gejohle und Gepolter des Manndls. Störungen nimmt das Kasermanndl ziemlich übel. Darum ist es ratsam, sich mit Rufen anzukündigen, wenn man an eine leer stehende Almhütte kommt, und niemals einzutreten, ohne vorher anzuklopfen. Damit gibt man dem Kasermanndl Gelegenheit, sich, sein Geistervieh und seinen Geisterkäse zu verstecken. Und dann hat man auch nicht zu befürchten, dass er seinen Ärger an einem auslässt. Womöglich ist er einem sogar dankbar und zeigt sich erkenntlich. Nicht umsonst heißt es bei den Salzburgern: „Beim Kasermanndl schaut bald der Himmel, bald die Höll aus den Augen.“

Im Gasteingebirge Österreichs kann man den **Kaputzer** treffen, in einen weiten Mantel mit Kapuze gewandet. Er ist an sich freundlich, findet es aber hin und wieder witzig, einsamen Wanderern die Brotzeit zu stibitzen. Schlägt man ihm dann aber vor zu teilen, rückt er sie wieder heraus und legt nicht selten auch noch einen Goldklumpen als Dankeschön oben drauf.

In den Bergen Tirols ist das **Eismännlein** beheimatet. Es tritt oberhalb der Schneegrenze in Erscheinung, um dem ehrlichen Wanderer, so er in Not gerät, rettend zur Seite zu stehen. Böse oder frevelhafte Zeitgenossen stürzt es dagegen ohne Erbarmen in die nächste Gletscherspalte.

Im bayerischen und österreichischen Raum kann man das **Gangerl** treffen – und geht dann am besten gleich in Deckung. Denn dieser Berggeist liebt das Brausen von Steinschlägen und will sich von selbst keiner ergeben, hilft er schon mal nach. Sollte man das überleben und den Gangerl dann auch noch zu fassen kriegen, kann er einen aber reich machen. Denn er pflegt sich mit purem Gold freizukaufen.

In der Eifel kann man auf vielen Gipfeln **Feuermännchen** begegnen. Sie tanzen da oben mit einer großen Fackel in der Hand, daher der Name. Aber jeder tanzt für sich allein. Geselligkeit scheinen sie nicht zu lieben. Dafür sind sie aber nett zu Menschen, sofern diese sie nicht beleidigen. Dann kann es sogar so weit kommen, dass das Feuermännchen emsig bei der Arbeit hilft. Vergisst man nicht, ihm dafür etwas Leckeres zu essen als Dankeschön hinzustellen, kann eine solche Freundschaft Jahre halten.

In den Dolomiten gibt es den so genannten Rosengarten Laurins. **Laurin** war ein Zwergenkönig, vermählt mit einer menschlichen Prinzessin. Ihr zuliebe legte Laurin den Garten an, weil sie, obgleich Laurins Schloss im Berginneren mit seinen Kristallwänden und Karfunkelsteinen eine gleißende Pracht war, das Sonnenlicht vermisste. Die schönsten Rosen prangten in diesem Garten, aufgebunden mit Bändern aus Seide, geschmückt mit edlen Steinen. Das Gedicht *„Der kleine Rosengarten"* aus dem dreizehnten Jahrhundert handelt davon. Darin wird auch erzählt, dass Dietrich von Bern den Garten verwüstete. In Tirol glaubt man dagegen, Laurin selbst habe den Garten verflucht, sodass die Rosen zu Stein verwandelt wurden, als seine undankbare Gattin ihm entfloh. Das tat er mit den Worten: „Nie wieder sollen diese Rosen blühen – nicht bei Tag und nicht bei Nacht!" Er selbst zog sich mit seinen Zwergen danach tief in das Berginnere zurück und man sieht und hört nichts mehr von ihnen. Weil der Zwergenkönig bei seinem Fluch aber die Dämmerung vergaß, blühen die Rosen noch bei Sonnenuntergang, wenn die ganze Steinformation in rosiges Licht getaucht wird.

Auch auf der Nordseite des Harzes wohnten früher viele Zwerge in Felsklüften und Zwergenlöchern. Man nannte sie **Kröpel**. Bei Seehausen, einem Städtchen in der Nähe von Magdeburg, kann man noch heute die Kröpellöcher besuchen. Nur selten zeigten sich die Kröpel den Menschen und wenn, dann nur mit verhüllten Füßen. Ein Müller, dem sie einmal durch verschüttetes Mehl gelaufen sind, fand auch heraus, warum: Die Kröpel hatten Entenfüße und die wollten sie niemanden sehen lassen. Gewöhnlich trugen sie ohnehin Nebelkappen und waren dann unsichtbar.

Manche dieser Zwerge waren gutartig und borgten den Menschen bei Hochzeiten und Kindstaufen mancherlei Tischgeräte aus ihren Höhlen, denn sie waren kunstfertige Goldschmiede. Nun war ihnen aber ihr Gold so lieb, dass sie es nicht ausgeben wollten, um dafür Nahrung für sich zu kaufen – aber weil in Bergen nun mal nichts wächst, waren sie auf Lebensmittel von außerhalb angewiesen. Sie verlegten sich deshalb aufs Stehlen, was ihnen im Schutz ihrer Nebelkappen nicht schwer fiel.

In einem Tal zwischen Blankenburg und Quedlinburg bemerkte einmal ein Bäcker, dass ihm häufig einige der gebackenen Brote fehlten. Doch der Dieb war nicht zu entdecken. Dieser beständig fortdauernde heimliche Diebstahl ließ den Mann allmählich verarmen. Endlich kam er auf den Verdacht, die Kröpel könnten an seinem Unglück schuld sein. Er schlug also eines Nachts,

Zwerge hausen meist tief im Berginneren und verfügen über enorme Golschätze.

nachdem er frisch gebacken hatte, mitten in seiner Backstube mit einigen Weidenruten wild um sich in die Luft. Nicht lange, da standen einige Zwerge vor ihm. Der Bäcker hatte ihnen die unsichtbar machenden Nebelkappen vom Kopf geschlagen. Die Kröpel verlegten sich nicht lange aufs Bitten, sondern liefen sofort davon. Von da an hatte der Bäcker aber seine Ruhe vor ihnen.

Im Laufe der Zeit ertappte man noch viele Kröpel bei Diebereien und nötigte endlich das ganze Zwergenvolk auszuwandern. Um aber die Landeseinwohner einigermaßen für das ihnen bis dahin Gestohlene zu entschädigen und zugleich die Zahl der Auswandernden ermessen zu können, wurde auf dem so genannten Kirchberg bei dem Dorfe Thale, wo jetzt Wendhausen liegt, ein großes Fass aufgestellt, in welches jeder Zwerg etwas Gold werfen musste. Als alle Kröpel Richtung Osten vorübergezogen waren, quoll das Fass regelrecht über. So groß war ihre Zahl.

Seit dieser Zeit sind die Zwerge fast ganz aus der Gegend verschwunden.

Haben Zwerge einen Menschen einmal ins Herz geschlossen, so verwandeln sie sich von kauzigen Burschen in hilfsbereite, vergnügte Gesellen. Doch sollte man darauf achten, Zwerge niemals zu belügen.

In den Bergen leben auch Wilde Frauen, die Saligen Fräulein, Mehljungfrauen und die Wilden Fräulein. Allesamt bezaubernde Wesen mit goldenem Haar, die schon so manchem Bedürftigen mit Rat und Tat aus der Not geholfen haben.

Die Immenstädter Berge in den Allgäuer Alpen beherbergen eine Menge **Horngeister**, das sind fröhliche Bergmännlein, die besonders viel von Blasmusik verstehen. Man konnte sie sogar tagsüber sehen, wie sie ihre Wäsche trockneten oder den Holzmachern bei der Arbeit halfen. Auch sonst waren sie sehr hilfsbereit und überhaupt nicht scheu. Fluchte aber einer in ihrer Gegenwart, konnte es schon passieren, dass sie ihn mit mancherlei Schabernack „straften“. Dann machten sie, dass demjenigen eine zu fällende Tanne in die falsche Richtung fiel, oder leiteten den Flucher auch mal in die Irre.

Zugegeben, Bergwände, wie man sie in den Alpen gewohnt ist, kennt der Bayerische Wald nicht. Aber es gibt doch Berge mit Steilhängen und für Kletterer schwierigen Überhängen. So ein Berg ist der Rachel, oder besser, der Große Rachel, es gibt nämlich auch noch einen kleinen. Dieser Große Rachel ist der Wohnort des **Weklin**. Er ist ein boshafter Berggeist, dem nichts mehr Spaß macht, als Wanderer in die Irre zu führen oder mit Steinen nach ihnen zu werfen. Sind diese dann so recht verzweifelt, lässt er sein hämisches Gelächter hören. Als einzig Positives ist von ihm eigentlich nur zu sagen, dass noch keiner durch ihn zu Tode kam – und dass er, zumindest vorübergehend, in eine Nixe verliebt war. Aber das ist eine andere Geschichte und die wird erst später erzählt.

Der Untersberg bei Bad Reichenhall ist die Heimat von Zwergen, die sich nur in schwarze Gewänder kleiden. Man nennt sie dort sehr originell die **Untersberger**. Sie leben ganz für sich, erscheinen aber doch manchmal, um vor Krieg und anderen Gefahren zu warnen.

In der Nähe von Frongau in der Eifel liegt der Quergsley, das ist ein Fels, in dem die **Querge** wohnten. Die Querge waren winzig kleine Leute, die ihre eigenen kleinen Felder bearbeiten. Menschen gegenüber waren sie sehr scheu und man brauchte viel Geduld, um sich mit ihnen anzufreunden. Hatten sie Vertrauen gefasst und konnte man ihnen gar einen Dienst erweisen, schenkten sie einem einen ihrer selbst gebackenen Fladen. Und so ein Querge-Fladen ist das süßeste und leckerste Gebäck, das man sich denken kann.

Die Berge sind aber beileibe keine Männerdomäne. Vielerorts lebten dort auch **Wilde Frauen**, in den Bergen Tirols auch die **Saligen Fräulein** genannt. Das sind wunderschöne Damen mit wallendem goldenen Haar, schlank und jung, in fließende weiße Gewänder gehüllt.

Am Jungfernsitz, einem Felskegel oberhalb des Schlosses Friedstein im Ennstal in den Salzburger Alpen, konnte man sie finden oder in den Höhlen des Dürrenberges bei Oberwölz/ Österreich oder nahe der Ruine Lichtenegg im steirischen Mürztal, wo sie auch die **Mehljungfrauen** heißen, weil sie hungrigen Wanderern zu essen bringen.

Im Hintersteiner Tal erzählt man sich viel von den **Wilden Fräulein**. Sie sind freundlich und hilfsbereit und haben schon manchem Armen mit Rat und Tat aus der Not geholfen. Die so genannte Tuchbleiche bei Hindelang hat ihren Namen davon, dass die Fräulein dort ihren Flachs bleichen. Dazu sammeln sie das Mondlicht in silbernen Kübeln und gießen es über den Flachs aus, der davon ein geradezu blendendes Weiß erhält.

Im Innsbrucker Gebirge gab es gar eine Riesin, die **Frau Hitt**. Sie wurde zu Stein verwandelt, weil sie frevelhafterweise ihren vom Spielen schmutzigen Sohn mit weichem Brot reinigte. Der Rüpel hatte wieder in irgendwelchen Pfützen gespielt und Mama hatte gerade keine Seife zur Hand. Brot saugt ja z. B. Soße richtig gut auf, also warum nicht auch Schlamm? Aber der Satz „Mit Essen spielt man nicht" gilt auch hier. Und wer so respektlos mit einem Grundnahrungsmittel umgeht, gehört einfach bestraft. So steht Frau Hitt zum Felsen verwandelt oberhalb Innsbrucks und schaut auf die Stadt herab.

Auf den Britischen Inseln werden die Berge, vor allem die walisischen von den **Gwyllion** bzw. **Gwillion** bewohnt. Sie künden schlechtes Wetter an, führen aber auch gerne Menschen in die Irre, wofür sie auch die Gestalt von Ziegen annehmen können. Die gefürchtetste ist die **Alte Frau vom Berg**. Sie bewohnt Llanhyddal Mountain und wird als uraltes Weiblein ganz in Grau beschrieben. Trifft man sie auf der Straße und wird von ihr gegrüßt, sollte man schleunigst umkehren, ansonsten verläuft man sich garantiert in den Bergen und kommt mit großer Wahrscheinlichkeit ums Leben.

Den schottischen **Red Caps** zu begegnen ist sogar noch furchtbarer. Ihr Name kommt von ihren Mützen, die sie mit Menschenblut rot färben. Dazu stürzen sie Felsbrocken auf Wanderer hinab und fangen dann das Blut der Erschlagenen mit ihren Kappen auf. Da jedoch das Blut trocknet und dabei seine Leuchtkraft einbüßt, brauchen sie schon bald wieder ein neues Opfer. Kein Wunder also, dass es in den schottischen Highlands so häufig zu Steinschlägen kommt.

Da haben es die Skandinavier schon besser. Denn deren **Trolle** lassen sich tagsüber überhaupt nicht blicken – träfe sie nämlich ein Sonnenstrahl, würden sie in Stein verwandelt. Nach alten Legenden gibt es eine Vielzahl verschiedenster Trolle. Allen gemeinsam sind jedoch Knubbelnasen und lange Schwänze mit einem dichten Haarbüschel am Ende. Sie leben gesellig, verfügen über ein sehr gutes Seh-, Hör- und Geschmacksvermögen und ein aus-

Trolle sind allein schon wegen ihrer Größe schwerfällig und tollpatschig, aber trotz ihrer Furcht einflößenden Statur im Grunde eher harmlos.

gezeichnetes Gebiss. Gewöhnlich sind Trolle ein wenig schwerfällig und unbeholfen, ja tollpatschig. Das hat ihnen einen schlechten Ruf eingebracht. Nichtsdestotrotz sind manche von ihnen richtig liebenswert. Geschichten über ihre Bösartigkeit haben ihren Grund nicht selten in ihrer Ungeschicklichkeit. Wenn ein Troll einen Erdrutsch verursacht, heißt das ja nicht unbedingt, dass er das mit Absicht getan hat – er hat nun einmal ziemlich große Füße. Da die Trolle mittlerweile um ihren schlechten Ruf wissen und sich vielleicht sogar ihrer Tollpatschigkeit schämen, bleiben sie inzwischen lieber unter sich und leben zurückgezogen in den unzugänglichen Regionen des Landes.

Im Berginneren

Das Innere der Berge wird von allerlei Geistern bewohnt, die eine Schwäche für Erze und Edelsteine haben (Kohle scheint sie dagegen überhaupt nicht zu interessieren). So mancher Berg soll durch sie schon so ausgehöhlt sein wie ein Schweizer Käse.

Viele leben in Sippen zusammen, wie die Erdzwerge oder die Hämmerlinge, und sind dann unter dem Oberbegriff *„das Stille Volk"* bekannt. Manche Bergbewohner sind aber auch rechte Einzelgänger, wie viele Bergwerksgeister.

Erdzwerge findet man überall, wo es was zu graben gibt. Im Harzgebirge, in den Schweckhäuser Bergen in der Gegend von Göttingen und in der Fränkischen Schweiz gibt es viele Höhlen, die nach ihnen „Zwergenhöhlen" benannt wurden. Im alten Schlesien in der Gegend des Altvater- und des Odergebirges hießen sie **Fenixmännchen** und waren bekannt für ihr süßes Backwerk. Im Thüringer Wald bei Gernsberg lebten **Wichtelmänner**, die für geleistete Hilfe mit einem Pfennig zahlten, der bewirkte, dass der Geldbeutel des Besitzers nie leer wurde.

In der Gegend des bayerischen Altmühltales nennt man die Bewohner des Berginneren **Wichtele**. Im Weser-Diemelland kennt man die **Wispelmännchen** vom Kelzer Berg. Im Bayerischen Wald ruft man sie sicherheitshalber die **Herrla**, die kleinen Herren, denn wie alle Zwerge sind sie in Sachen Ehrerbietung recht empfindlich und man sollte es daher nie an Respekt mangeln lassen.

Sie alle sind von robustem Körperbau mit geschickten, schwieligen Händen und einem großen Kopf mit erschreckend großen Zähnen. Gewöhnlich tragen sie Hemden, Hosen und lederne Schürzen oder Kittel in Grau- oder Brauntönen und auf dem Kopf runde oder spitze Kappen. Hammer und Laterne haben sie immer bei sich. Bei den Menschen lassen sie sich selten sehen und in ihren Berg kaum jemanden hinein.

Erdzwerge besitzen viel handwerkliches Geschick. Diamanten und Edelsteine sowie die Kunst des Schmiedens haben es ihnen besonders angetan.

Im Gegensatz dazu arbeiten die **Hämmerlinge** tüchtig mit den Bergleuten zusammen. Sie sind in ganz Europa bekannt. Manchmal nennt man sie in Österreich auch **Schachtzwerge**, in Deutschland **Klopferle**. In Frankreich heißen sie **Gommes**, in Wales **Coblynau**, in Schottland **Black Dwarfs** und in England **Knockers**. Sie kennen jede Erzader und meistens mögen sie die Menschen, die zu ihnen ins Berginnere kommen. Und deshalb gilt es fast überall als gutes Omen für den Bergmann, Hämmerlinge bei der Arbeit zu hören. Geht man ihrem Klopfen nach, stößt man unweigerlich auf eine reiche Silber-, Gold-, Zinn- oder Bleiader. Klingt ihr Gehämmer aber besonders laut und hektisch, sollte man den Stollen möglichst schnell verlassen, denn dann droht ein Unglück: Steinschlag, Wassereinbruch oder Explosion. Als Lohn und zum Dank werden sie von den Bergleuten regelmäßig mit Nahrung versorgt, wobei sie besonders süße Krapfen lieben. In Istrien ist es auch Brauch, ihnen zweimal im Jahr Kleidung zu schenken.

Sollten diese kleinen Aufmerksamkeiten jedoch ausbleiben, nehmen die Hämmerlinge das sehr übel. Ähnlich unwirsch reagieren sie, wenn in ihrer Nähe geflucht oder gepfiffen wird. Es kann dann so weit gehen, dass sie Steinschläge auslösen. Sie tragen außer der geschenkten Kleidung noch lange, lederne Schurze und metallbeschlagene Helme, die über Nase und Genick verstärkt sind, und werden selten größer als 60 cm.

Neben diesen in Sippen lebenden Zwergen finden sich auch typische Einzelgänger, wie **der Anneberg**, ein übles deutsches Bergwerksmonster, das den Bergleuten gar zu gerne an den Kragen will, oder **der Lock**, ein skandinavischer Erdbebendämon. Das soll aber nicht heißen, dass alle, die lieber alleine bleiben, einen schlechten Charakter haben. Da gibt es nämlich Geister wie den **Bergmönch**, der sich in den Graubündner Alpen in der Kleidung eines schwarzen Mönches den Bergleuten zeigt und vor Gefahren warnt, oder **Meister Hämmerling**, der im Harz Steiger, diejenigen, die ungerecht zu ihren Leuten sind, bestraft.

Zwerge im Nibelungenlied und anderen Rittersagen:

In den Rittersagen sind die Zwerge stets die Bösewichte vom Dienst. Sie gelten als hinterhältig und verschlagen, geldgierig, mordlüstern und scharf auf menschliche Frauen.

Der bekannteste dürfte wohl **Alberich** sein, der im Kampf **Siegfried** und dessen Schwert Balmung unterlag und somit den Treueid schwören musste. Balmung selbst hatte Siegfried übrigens von zwei anderen Zwergen,

Alberich umwirbt Brunhilde mit seinen Schätzen.

den Söhnen des Zwergenkönigs Nibelung, die den Nibelungenschatz unter sich teilen wollten und dazu den jungen Siegfried als Schiedsrichter wählten. Weil sie mit seinem Schiedsspruch aber nicht einverstanden waren, erschlug er sie kurzerhand alle beide und nahm sich sowohl Schwert als auch Schatz. Außerdem ließ er sich zum neuen Zwergenkönig ausrufen, und so mussten die Nibelungenzwerge den ganzen Schatz in Siegfrieds Heimat Xanten schaffen.

Diese Siegfriedsage ist eigentlich nur die christianisierte Fassung einer älteren Sigurd-Sage. Richard Wagner hat die beiden in seinem Opernzyklus *„Der Ring der Nibelungen"* recht großzügig verwoben. Seitdem herrscht ein ziemliches Durcheinander. Aber eines haben alle Fassungen gemeinsam: Die Zwerge kommen nie gut weg.

Bei **Sigurd** heißt der hinterhältige Zwerg Regin und ist ein Schmied, bei dem der junge Held in die Lehre geht.

Regin lehrt ihn nicht nur Schmieden, sondern auch allerlei Brettspiele (welche, wird leider nicht erwähnt), die die Gedanken schärfen sollen. Obendrein weiht er ihn in die Runenschrift ein. Doch dann stachelt er den Ehrgeiz des Jungen an und erzählt ihm von seinem Bruder Fafnir. Der hütet einen unermesslichen Schatz, ohne Regin etwas davon abzugeben. Einen Schatz, wie ihn nur ein echter Held gewinnen kann – ein Held wie Sigurd eben.

Ab da wird die Geschichte etwas kompliziert. Fafnir ist zwar der Bruder von Regin, also auch ein Zwerg, hat sich aber in einen Drachen verwandelt, um das Gold besser bewachen zu können. Klar, vor einem Drachen hat man mehr Angst, als vor einem Zwerg. Dass er sich aber überhaupt verwandeln kann, ist schon erstaunlich, denn Regin, sein Bruder, kann das offenbar nicht.

Und woher kam der Schatz?

Regin erzählt Sigurd dazu die alte Sage aus der Edda, in der Loki, als Begleiter des Gottes Thor, einen Otter erschlug. Der Otter war aber eigentlich der Zwerg Otr gewesen, und sein Vater Hreidmar, der auch der Vater von Regin und Fafnir war, forderte von Thor und Loki Bußgeld. Sie zahlten mit Gold, das sie wiederum dem Zwerg Andwari raubten.

Hreidmar wollte seinen Söhnen von dem Gold nichts überlassen und so erschlug ihn Fafnir, laut Regin, und nahm den ganzen Schatz für sich. Sigurd gelingt es daraufhin, den Drachen zu bezwingen, und als Regin statt seiner im Drachenblut baden will, tötet er auch diesen.

Anscheinend reicht das Blut nicht für zwei, auch nicht, wenn der eine nur Zwergengröße hat.

Siegfried tötet den in einen Drachen
verwandelten Zwerg Fafnir.

Der Rest der Geschichte verläuft ähnlich wie in der Siegfried-Version.

Dann ist da noch der Zyklus der Rittersagen um **Dietrich von Bern**, auch Dieter von Verona genannt. Dietrich hat ebenfalls mit Zwergen zu tun, sogar mehrfach. Zu seinem Schwert Nagelring kam er beispielsweise, indem er einen Zwerg fing und erst wieder frei ließ, als der ihm versprach, das berühmte Schwert für ihn zu stehlen. Um Nagelring erproben zu können, ritt Dietrich mit seinem Waffenmeister Hildebrandt und seinem Freund Dietleib zu Laurins Rosengarten, der ja bereits erwähnt wurde, und zerstörte mutwillig die Rosen. Wie beabsichtigt stürzte daraufhin der erboste Laurin aus seinem Berg und verlangte nach Rache für die Zerstörung seines Eigentums. Es kam zum Kampf. Nagelring erwies sich als gutes Schwert, aber trotzdem konnte der große Dietrich den Zwerg nur besiegen, weil Hildebrandt ihm aus sicherer Entfernung verschiedene Ratschläge zurief, und Dietleib schließlich sogar auch noch in den Kampf eingriff.

Laurin bat sie daraufhin in seinen Palast im Bergesinneren, wo sie seiner Gemahlin, Kunhild, der Schwester Dietleibs, begegneten. Laurin hatte sich seinerzeit in sie verliebt und sie entführt und sie hatte eingewilligt, ihn zu heiraten. Jetzt herrschte sie als viel geliebte Königin der Zwerge und man las ihr jeden Wunsch von den Augen ab. Trotzdem wollte sie mit Dietrich von Bern und seinen Männern fliehen. Der Zwergenkönig erfuhr davon und wollte nun seinerseits die Männer töten – nur Dietleib nicht, denn der war ja sein Schwager.

Um es kurz zu machen: Mit Hilfe von Kunhild und Dietleib konnte Dietrich Laurin besiegen und schaffte ihn nach Bern, wo er den Rest seines Lebens gefangen saß.

Man hatte als Zwerg damals wirklich kein schönes Leben.

Wald und Forst

Spätestens seit den mittelalterlichen Ritterromanen galten Wälder als die Versinnbildlichung des „ganz Anderen" – gefahrenvoll, geheimnisumwittert, mystisch oder gar unheimlich. Schließlich weiß man nie genau, was sich in ihnen verbirgt oder was man darin aufstöbert. Aber Gefahr hin oder her, so mancher hat darin auch schon sein Glück gefunden, oder schien es ihm nur so?

In Frankreich sind die Wälder wie nirgends sonst von **Feen** bevölkert. Feen aus dem Märchen sind bekanntermaßen Damen, die mit einem licht-blauen Gewand bekleidet und einem Zauberstab bewaffnet unschuldigen Menschen drei Wünsche gewähren und sie dadurch unglücklich machen, weil diese Wünsche garantiert für das Falsche verwandt werden. Damit haben die Feen der Anderwelt aber rein gar nichts zu tun. Sie sind vielmehr Bewohner eines Reiches zwischen Natur und menschlicher Zivilisation, noch nicht ganz Mensch, aber auch nicht mehr so recht unirdisch. Dem Christentum galten sie als Wesen, die auf der Suche nach einer Seele waren – das hieß es später dann auch von den Nixen.

Fest steht, dass Feen sich gerne mit menschlichen Männern vermählten. Allen voran die Fee **Melusine** in Frankreich. Sie ist die Tochter des Königs Elinas und der Fee Persine. Ihrem Vater hatte sie als junges Mädchen ziemlich übel mitgespielt. Sie glaubte, er hätte ihre Mutter schlecht behandelt, und verbannte ihn in einen Berg. Darüber war wiederum ihre Mutter so erbost, dass sie Melusine bestrafte: Sie wurde ins Poitou verbannt, genauer gesagt, in den Wald Coulombiers, wo sie eine Grotte neben einer Quelle bezog. Zudem verwandelte sie sich jeden Samstag von der Hüfte abwärts in eine Schlange (später wurde aus dem Schlangenkörper ein Fischschwanz und Melusine wurde zu den Nixen gezählt). Dieser Bann sollte erst gebrochen werden, nachdem Melusine sieben Jahre mit einem Menschen, der ihr Geheimnis nicht kennen durfte, verheiratet wäre. Melusine lebte also in ihrer Grotte, wo sie alsbald Raymondin, den Sohn des Grafen von Forest, traf, als er erhitzt von der Jagd dort Schatten suchte. Natürlich verliebte der sich sofort in die schöne Dame und begehrte sie zur Frau.

Wenn man eine Fee heiratet, ist das immer mit heiklen Bedingungen ver-

Richard Doyle (1824-1883),
Der Elfenbaum. Auf dem wohl berühmtesten Elfenbild des britischen Malers
besiedeln über 200 Waldgeister die Äste
eines Baumes. Im Zentrum der
Elfenkönig.

knüpft. Mal darf man sie nicht dreimal scharf anreden, mal darf ihr Fuß niemals Eisen berühren, mal darf man sie nicht, und sei es noch so zärtlich
gemeint, schlagen. Raymondin wunderte sich also nicht, als auch Melusine
eine Bedingung stellte: Raymondin durfte sie niemals an einem Samstag zu
sehen wünschen. Raymondin willigte ein und zusammen gründeten sie das
Geschlecht derer von Lusignan.

Aber Raymondins Bruder verleumdete Melusine, sie treffe samstags ihren
Liebhaber. Und schließlich, die sieben Jahre waren fast um, drang
Raymondin von seinem Bruder aufgestachelt, doch an einem verbotenen Tag
in Melusines Gemach und fand sie in einer Wanne liegend, von der Hüfte
abwärts in eine Schlange verwandelt.

Hätte Raymondin nur noch eine kleine Weile sein Versprechen gehalten, wäre Melusine von ihrem Bann erlöst worden. Nun aber war die Chance vertan und Melusine verwandelte sich erneut, diesmal in einen Drachen, der Klagerufe ausstoßend davonflog.

In der Normandie nahm die Heirat des Ritters Sir Launval mit der Fee **Tryamour** ein anderes Ende. Diese Fee verlangte von ihrem Gatten, dass er mit niemandem darüber sprechen dürfe, dass er mit ihr verheiratet, ja noch nicht einmal, dass er überhaupt in festen Händen sei. Natürlich verliebte sich prompt eine sterbliche Dame, Guinevere, in den stattlichen Ritter und machte ihm Avancen. Sie ließ sich durch nichts und niemanden abweisen und brachte Sir Launval mit ihren Nachstellungen in ärgste Bedrängnis. Immerhin war er ein Kavalier und sie benahm sich mitnichten wie eine Dame es zur damaligen Zeit hätte tun sollen. Es geschah also aus purer Notwehr, dass er ihr schließlich gestand, er wäre verheiratet. Am Ergebnis änderte das aber nichts. Tryamour verließ ihn und mit ihr verschwand der Segen, der während der Ehe auf Launvals Ländereien geruht hatte. Damit ist die Geschichte aber Gott Sei Dank! noch nicht zu Ende:

Guinevere in ihrem Stolz verletzt beschuldigte im Gegenzug Launval vor dem König, er hätte ihr die Ehe versprochen. Die Sache sah für den Ritter ziemlich schlecht aus, da erschien die Fee Tryamour in all ihrer Pracht und verteidigte den Gatten. Er wurde daraufhin frei gesprochen, und die Fee nahm ihn mit sich in ihr Feenreich, wo sie dann wohl glücklich lebten. Jedenfalls ist nichts Gegenteiliges bekannt.

Liebesbeziehungen zwischen Feen und Sterblichen gestalten sich immer wieder als höchst problematisch.

Der Feenkult Frankreichs

Ursprünglich stand das Wort „*Fee*" im romanischen Sprachkreis für das, was im germanischen das Wort „*Elf*" bezeichnete: Es war ein Überbegriff für alle Arten von Unirdischen. Spätestens im 16./17. Jahrhundert wurde daraus aber die Bezeichnung einer verführerischen unirdischen Frau. Besonders Frankreich scheint eine Schwäche für diese Art von Feen zu haben. Sie erscheinen dort als eine Art Wiedergeburt der Nymphen aus der griechischen Antike, was Liebreiz, Lebensraum und Launenhaftigkeit angeht.

So manches Adelsgeschlecht führt seinen Ursprung auf eine Fee zurück. So ist die erwähnte Fee Melusine die Urmutter derer von Lusignan, weshalb dieses Geschlecht zum einen eine Frau mit einem Schlangenleib in ihrem Wappen führt, zum anderen eine Steineiche. Diese immergrüne Eiche nennt man in der Gegend, in der das Stammschloss des Geschlechts

THE LADY OF THE LAKE TELLETH ARTHVR OF THE SWORD EXCALIBVR

Die Feen der Artussage – Morgana, Viviane und die Herrin vom See – lenken mit ihren übersinnlichen Kräften die Geschicke der Kreuzritter.

steht, „*Eusine*" und es heißt, dass ein ganzer Park von Steineichen um dieses Schloss wächst und dass all diese Bäume von einem einzigen Mutterbaum abstammen – der „*Mère l'Eusine*". Dieser Baum wiederum war Melusine besonders lieb, vielleicht weil er sie an ihre Waldheimat erinnerte, und so nannte sie sich danach.

Die Feensagen und -märchen erreichten ihren Höhepunkt Ende des 17. Jahrhunderts. Dichter wie Charles Perrault, Antoine Hamilton, Marie-Catherine d'Aulnoy oder Jeanne-Marie Le Prince de Beaumont, nahmen sich ihrer an, um damit zur Unterhaltung des Hofes um Ludwig XIV. beizutragen.

In der Nachfolge dieser Autoren entstand die Sammlung „*Cabinet des Fées*", (Paris 1785 - 1789) mit insgesamt 41 Bänden. Über diese Vermittlung gelangte die Fee dann auch ins deutsche Märchen, z. B. bei Dornröschen.

Die „Kunstmärchen" dieser Sammlung fußten zum größten Teil auf wesentlich älteren Volksmärchen. Die Legende der Melusine stammt zum Beispiel aus dem 10. Jahrhundert. Etliche andere sind noch älter. Die Ursprünge führen zum Teil zurück bis in die keltische Mythologie.

Natürlich kommt auch die Artus-Sage nicht ohne Feen aus. Sie spielt zwar in Britannien, entstammt aber letztendlich in ihrer bekannten Fassung einer Ballade des 13. Jahrhunderts aus – natürlich – Frankreich, genauer gesagt, der Bretagne. Der damalige Dichter versetzte die Handlung in seine eigene Zeit und verwandte sie, um die Rittertugenden zu verherrlichen. Allein für die Grundsage erfand er gleich drei Feen dazu.

Da ist als erste die Fee Morgana (Fata Morgana kommt auch daher, aber das ist eine andere Geschichte) von der sagenhaften Insel Avalun. Aus dem Reich der Wälder, namentlich dem Wald Brezilian kommt die zweite: Die Herrin vom See, die Lancelot großzieht. Und der Wald Brezilian liegt – in der Bretagne. Als dritte Fee erscheint noch Viviane, die Merlin verführt und in eine Höhle bannt.

Bei den Fahrten der edlen Ritter, Gawain, Galahad und wie sie alle heißen, deren Geschichten sich wie ein Kranz um die Artus-Kernsage ranken, treten so viele Feen auf, dass man schon unruhig wird, wenn mal zwei Seiten lang keine erscheint. Rittertum und Feen gehören untrennbar zusammen. Zumindest in Frankreich.

Moritz von Schwind (1804 -1871) hat sich über viele Jahre mit dem Thema „Waldnymphe und Krokus" beschäftigt.

Links: Waldnymphe Krokowa um 1831.

Rechts: König Krokus und die Waldnymphe um 1860. Die Nymphe verkündet König Krokus den bevorstehenden Tod ihrer Eiche und somit ihren eigenen.

Feen gibt es natürlich nicht nur in Frankreich, sondern überall in Europa. Und vielerorts nennt man sie nicht Feen, sondern **Waldnymphen.**

In Bibra in Sachsen-Anhalt wohnte vor langer Zeit eine Fee, die eine heilkräftige Quelle hütete. Drei Schwestern, die alle drei von schmerzhafter Krankheit gequält im ganzen Land vergeblich Heilung gesucht hatten, rasteten einmal vor dem Hain der Fee. Bittere Tränen rannen ihre Wangen hinab. Sie seufzten und klagten in ihrer Hoffnungslosigkeit, als sie einen leichten Windhauch verspürten. Als die drei Mädchen aufsahen, stand die Fee in lichtem Gewand vor ihnen und lud sie freundlich ein, näher zu kommen. Mit einem goldenen Stab berührte sie die Felswand und die von ihr gehütete Quelle sprang klar hervor. Die Fee schöpfte daraus mit einem goldenen Becher und bot den drei Schwestern zu trinken.

Kaum hatten die Mädchen von dem Quellwasser gekostet, fühlten sie sich wieder frisch und heil und ihre Wangen strahlten rosig und gesund.

Bald war im ganzen Land die Heilkraft des Wassers bekannt und man strömte von nah und fern zu der Quelle. Das muss der Fee eines Tages zu viel geworden sein und sie verschwand.

Die Quelle aber heißt noch heute der Schwesternbrunnen.

In der Eifel hütet die **Juffer Fey** (Jungfer Fee) die Quelle des Feybachs, die im Urfeyer Tal entspringt. Außerdem beschützt sie die Tiere, die in ihrem Wald zu Hause sind. Wirft man in ihrem Wald mit einem Stein nach einem Vogel, kommt der Stein zurück und trifft das eigene Auge. Oder ist man auf Hasenjagd, greift man statt in weiches Fell in dorniges Gestrüpp. Es ist also besser, sich im Urfeyer Tal gut zu benehmen. Dann kann es sogar geschehen, dass sie einem in jungfräulicher Gestalt in weißen Gewändern erscheint und sich durch ihren Segen bedankt, der einen allezeit vor Krankheit „feit". Die Juffer Fey ist eine von sieben Schwestern, die in Urfey, Eiserfey, Feyermühle, Burgfey, Katzfey, Satzfey und Veynau daheim sind.

Andere Feen können auch gefährlich werden: Im Bayerischen Wald verliebte sich einst eine Fee in einen Bauernburschen aus Viechtach. Eines Tages, er hatte sich ein wenig von seinen Freunden abgesondert, mit denen er unterwegs war, zeigte sie sich ihm am Ufer des Flusses Regen. Beim Anblick ihrer grenzenlosen Schönheit vergaß der junge Mann sehr schnell, dass er ja eigentlich schon verlobt war. Seine Braut war jedoch auch bei der Gesellschaft und vermisste ihn schon bald. Also machte man sich auf die Suche nach ihm.

Schon neigte der junge Bursche den Kopf, die Fee zu küssen, da entdeckte ihn seine Verlobte und schrie laut auf. Das brachte den Jüngling wieder zur Besinnung, die Fee aber in Rage. Zornig ließ sie Feuersäulen gen Himmel schießen. Im Nu waren der ungetreue Mann, seine Braut und auch die Begleiter in Stein verwandelt. Man kann sie noch heute sehen, als schimmernde Quarzsäulen – den Großen und den Kleinen Pfahl.

Die Schönheit der Feen hat schon manchen Sterblichen in ihren Bann gezogen.

Ähnlich bedrohlich sind auch die chinesischen **Fuchsmädchen**, Feen, die als Füchse herumlaufen, aber auch die Gestalt eines wunderschönen Mädchens annehmen können. Letzteres tun sie, wenn sie einen Mann verführen wollen, was ihnen eigentlich auch stets gelingt. Dieser Mann ist dann aber nicht zu beneiden, denn die Fuchsfee ist unersättlich. Der Mann kommt keine Nacht zum Schlafen. Er magert ab, seine Haut wird gelb. Schon bald ist er nur noch ein Schatten seiner selbst. Hat er Glück, fällt das einem Freund auf, welcher ihn darauf anspricht – von selbst merkt er es nämlich nicht. Dann kann er sich aufraffen und das Mädchen verstoßen. Manchmal aber verrät die Fee aus Liebe auch selbst ihre wahre Identität. Sie gibt dann dem Mann, wenn ihre Lust an ihm gestillt ist, verschiedene heilende Kräuter und verlässt ihn. Er kommt dann sehr schnell wieder zu Kräften.

Feen sind praktisch überall daheim. In Spanien nennt man sie **Hadas**, in Portugal **Fadas**. Alle ähneln sich in ihrer Vorliebe für sterbliche Ehemänner.

Baumgeister sind ätherische Wesen. Viele der europäischen Feen sollen sogar hinten hohl sein.

Alle verehren die Bäume und Pflanzen und leben gerne nahe einer Quelle in Grotten, die sich zuweilen beim Betreten als wahre Kristallpaläste entpuppen.

Besonders bei den europäischen Feen heißt es manchmal, sie seien von vorne schön anzusehen, von hinten aber hohl wie ein Backtrog, also vorne eine schöne Larve und hinten nichts als heiße Luft. Bei den Briten gibt es wunderschöne **Wood-Elves**, die hinten hohl sind, und in Norwegen Nixen mit einem ähnlichen Problem. Männer tun also gut daran, die Fee ihrer Träume erst einmal von hinten zu betrachten, bevor sie ihr Herz endgültig verschenken.

Einen ähnlichen oder vielleicht sogar noch größeren Kummer haben die **Huldre**, skandinavische Baumgeister. Sie sind hoch gewachsene Frauen, wunderschön anzusehen – abgesehen von ihrem langen, behaarten Schwanz, der dem einer Kuh ähnelt. Wen wundert es da, dass sie ihn nach Möglichkeit zu verstecken suchen. Prächtige Herden besitzen sie, die sie mit Hilfe ihrer Flöten zusammenhalten. Auf diesen Flöten spielen sie unübertreffliche Melodien, überirdisch und süß. Ihr Gesang ist ähnlich verführerisch. Tanzen sah sie aber noch keiner – vielleicht ist der Schwanz im Weg. Aber auch ohne das Tanzbein zu schwingen, erscheinen sie der Männerwelt geradezu unwiderstehlich. Ein Mann, der sich einmal von einer Huldre verführen ließ, wird eher den Verstand verlieren, als sich jemals wieder einer sterblichen Frau zuzuwenden.

Als eine besondere Art von Fee stellt sich die **Dryade** dar. Sie ist die Seele der Eiche. Schon den alten Griechen waren diese Bäume heilig. Als die Dryaden nach Deutschland und auf die Britischen Inseln kamen, brachten sie den Kult um ihre Bäume mit, der so weit ging, dass nur unter Eichen – in der Aura der Dryade – Gericht gehalten werden durfte. In Eichenwäldern findet man manchmal salzige Steine, die als die Tränen der Dryaden gelten. Eine Dryade lebt und wächst mit ihrem Baum und stirbt die Eiche, vergeht auch die Dryade. Ihre Beliebtheit in Deutschland ist bis heute ungebrochen, man denke nur an die Dame im durchsichtigen Gewand, die auf dem alten Fünfzigpfennigstück einen Eichenschößling pflanzt. Das ist doch wohl eine Dryade, oder etwa nicht?

Im Thüringer Wald gibt es viele **Waldelben**. In der Nähe des Ortes Schweina verbirgt sich in einer Waldschlucht, genannt die Steinrutsche, unter einem der dort liegenden Steine ein Eingang in ihr unterirdisches Reich. Die Waldelben sind über die Maßen schön, voller Anmut und in leuchtende Gewänder gehüllt. Diese strahlen so hell, dass man unter der Erde die Sonne nicht vermisst. Sie sind freundlich und tun niemandem etwas zuleide. Allerdings vergeht die Zeit in ihrem unterirdischen Reich anders als in unserer Welt. So

William Holmes Sullivan: Der Tanz der kleinen Leute (um 1908).

blieb ein Mädchen einmal, als es sich vor der Hochzeit mit einem ungeliebten Mann drücken wollte, einen Tag bei ihnen. Als sie zurückging, waren hundert Jahre vergangen und sie selbst ein altes Weib.

Ähnliche Elben leben im Hermannsberg, gleichfalls in Thüringen. Sie sind besonders musikalisch und haben schon manchen menschlichen Musikanten reich belohnt, wenn er ihren Ansprüchen genügen konnte. Konnte er das aber nicht, erntete er statt Goldstücke blaue Flecken.

In der Nähe von Bernshausen im thüringischen Felda- und Rosagrund lässt sich hin und wieder eine Schar blicken, die so zahlreich ist, dass man sie kurzerhand nur **das Heer** nennt. Entgegen der militärischen Bezeichnung sind sie aber gutherzig. Nur necken darf man sie nicht. Finden sie in einem Haus drei Türen, die unabsichtlich offen gelassen wurden, ziehen sie hindurch und lassen dabei ihren Segen zurück. Man darf aber niemandem davon erzählen, sonst ist es mit dem Glück wieder aus.

Eine andere Bewohnerin des Waldes ist die **Vila** (sprich Wilja), die vor allem in den slawischen Ländern beheimatet ist. Des Nachts, bei Mondschein treffen sich die Vilen gerne, um Reigen zu tanzen. In der Erzählüberlieferung Kroatiens besitzen sie Ziegenfüße und tragen keine Kleidung. In Istrien heißen sie **Vili Cestice**, in Bulgarien **Samovily**. Sie gelten als feindselig und eifersüchtig, besonders wenn es um „ihren" Besitz, eine Quelle oder ein bestimmtes Revier geht. Sie tun alles, um Eindringlinge fern zu halten, etwa, indem sie ihnen einen „Hexenschuss" verpassen. Notfalls vergiften sie sogar den eigenen Bach. Nähert sich ihnen jedoch jemand mit allen Zeichen der Ehrerbietung, oder besser noch der Unterwürfigkeit, mag es sein, dass er sie gnädig stimmen kann. Dann gewähren sie vielleicht sogar ihre Hilfe, wenn es um die Heilung einer Krankheit geht, denn sie verstehen viel von der Heilkunst.

Natürlich hausen im Wald auch Kobolde. So macht ein wunderlicher Geist die Gegend um den schwäbischen Hegau unsicher. Seinen Schlafplatz hat er auf der Burg Hohenkrähen nahe bei Hohentwiel. Zu seinen Lebzeiten um das Jahr 1300 war er der böse Schirmvogt einer Witwe, der Edelfrau von Krähen, mit Namen Johann Christoph Popolius Mayer. Er war ein übergeschäftiges Männlein, das die Leute gern zur Arbeit trieb – ein wahrer Bauernschreck – dessen größte Freude es war, Ränke zu schmieden und Intrigen zu spinnen. Und wer sich ihm widersetzte, landete oft in einer unwirtlichen Gefängniszelle, tief unter der Burg.

Und so blieb es nicht aus, dass der Vogt nach seinem Tod als Geist keine Ruhe fand und in einen Kobold verwandelt wurde, der in der Burgruine umherschleicht und in den umliegenden Wäldern – vor allem auf den dortigen Verkehrswegen. Er sucht nämlich die Nähe der Menschen. Zum Glück für diese Menschen ist das **Poppele**, wie er als Waldgeist nun genannt wird, kein grausamer Schinder mehr, sondern ein kleiner Bengel, der reisenden Händlern gar zu gerne alles durcheinander wirft, Kuhmägden die Milch verschüttet, oder – heutzutage – Radfahrern die Luft aus den Reifen lässt. Sofern man dies ohne Widerrede und mit dem gehörigen Humor nimmt, lässt er einen aber schnell wieder in Ruhe.

Ein ähnlicher Schelm ist der **Bruggener Haldengeist**, ein Waldkobold, der am Schellenberg über Donaueschingen im Schwarzwald haust. Seine Streiche gleichen denen des Poppele, allerdings spielt er sie nur Menschen,

Waldkobolde treiben gerne Schabernak, doch wem sie wohlgesonnen sind, dem verhelfen sie zu großem Reichtum.

die geizig oder hartherzig sind. Arme, herzensgute Leute dagegen nimmt er unter seinen Schutz und wenn es an Geld fehlt, hilft er gerne auch mal mit einem Bündel Reisig aus. Aus dem wird dann unfehlbar lauteres Gold, sobald man die Schwelle des eigenen Hauses überschreitet.

Im Bayerischen- und Böhmerwald kennt man die **Holzweiblein**, die den Menschen wohl wollen. Besonders gern besuchen sie die Einödhöfe und helfen den Wöchnerinnen, wenn die Hebamme nicht zur Stelle ist. Menschen, denen sie Gutes tun wollen, schenken sie Tannenzapfen oder auch mal eine Hand voll Sägespäne oder gar nur Kehricht. Die Gabe sollte man sorgsam nach Hause tragen, denn dort verwandelt sie sich dann in pures Gold. Oft haben Leute, die verärgert das scheinbar wertlose Geschenk weggeworfen haben, zu Hause in der geleerten Tasche noch ein paar goldene Stäubchen entdeckt. Wenn sie dann versuchten, das Fortgeworfene zurückzuholen, war nichts mehr da. Und auch das Holzweibchen haben diese Menschen niemals wieder gesehen.

Wanderer zu erschrecken oder ihnen die falsche Fährte zu weisen, zählt zur Lieblingsbeschäftigung von Waldgeistern.

Mit den Holzweibchen verwandt sind die **Wildweibchen** aus dem Odenwald und die hellhäutigen **Schneefräulein**, die in Buchen- und Lärchenwäldern im österreichischen Stubaital zu Hause sind.

Alle sind sie nicht größer als einen halben Meter und sehr reinlich. Und alle haben den gleichen großen Feind:

Die Wilde Jagd, von der später noch die Rede sein wird. Sicher vor der Wilden Jagd sind sie nur auf Baumstümpfen, in die drei Kreuze geritzt sind. Kein verantwortungsbewusster und gewissenhafter Holzfäller hat es daher früher vergessen, diese Zeichen zu hinterlassen.

Dann gibt es auch noch die **Waldschrate**, zottige Gesellen, die Wanderern gerne Angst einjagen, indem sie plötzlich und ohne Vorwarnung durchdringend schreien und heulen. Möglicherweise wollen sie den Leuten aber auch deren baldigen Tod ankündigen, vielleicht sogar ihn selbst herbeiführen, indem sie diese zu Tode erschrecken. Sie leben hauptsächlich in Deutschland und Frankreich.

Nicht mit dem Waldschrat verwechseln darf man das **Schrätel** oder **Schratzl**, das sich überall findet, wo es Holzkohlemeiler gibt, wie z. B. im Bayerischen Wald. Die Köhler lebten ja früher einsam in den Wäldern und schon berufsbedingt waren ihre Gesichter oft schwarz, nicht nur von der Asche, sondern auch versengt von der Hitze. Den Bauern der Umgebung kamen sie deshalb oft nicht geheuer vor. Dem Schratzl aber waren sie so gerade recht, war er doch auch von der Sonne verbrannt. Er gesellte sich daher oft zu ihnen, wenn mal wieder ein Meiler aufgerichtet und angezündet war und man sich zur langen Nachtwache versammelte. Dann erzählte er kurzweilige Geschichten und

Ruth Schuhmann: Ein Moosweibchen im Blätterkleid.

trieb allerlei Späße, sodass niemand an Schlaf dachte. Zum Dank durfte er dann mitessen und vom Bier trinken und ward überall gern gesehen.

Spaß am Erschrecken der Leute hat auch der **Hehmann**, der einem überall in Europa über den Weg laufen kann. Er sieht sich selbst als den König der Wälder. Darunter tut er's nicht. Am liebsten erscheint er als kleines graues Männchen, das mit lautem „Heh!" die Waldbesucher anruft. Von diesem Ruf hat er auch seinen Namen. Sind die Menschen dann auf ihn aufmerksam geworden, ändert er seine Gestalt und wird zu einem schwarzen Riesen, der herumpoltert, bis jedem, der ihn sieht, angst und bange wird. Ansonsten ist der Hehmann aber harmlos. Einzige Ausnahme: Man ahmt seinen Ruf nach oder verspottet ihn gar. Dann kann man froh sein, mit heiler Haut aus dem Wald herauszukommen.

Zu den kleinsten Waldbewohnern gehört das **Moosvolk**. Angehörige dieses Volkes sind nur wenige Zentimeter groß. In ihrer Kleidung aus Blättern und Moos und mit ihrer graugrünen Hautfarbe sind sie kaum von den Pflanzen zu unterscheiden. Das Moosvolk ist recht scheu, aber nicht unfreundlich. Es zieht seine Kinder in Mooswiegen in den Baumkronen auf und wohnt selbst in Baumnestern, von denen es sich möglichst nicht weit entfernt. Man kann es in ganz Mitteleuropa finden.

Die **Moosweibchen**, mancherorts nennt man sie auch **Lohjungfern**, heißen zwar ähnlich, gehören aber nicht zum Moosvolk. Sie reichen einem erwachsenen Mann etwa bis zum Bauchnabel, haben Entenfüße, auf denen sie aber ganz unbefangen herumwatscheln, und kleiden sich in Gewänder, die sie aus Mooskissen weben. Sie sind niedlich anzusehen und von freundlichem Gemüt. In ihren Laubhütten, wo sie in kleinen Gruppen wohnen, bewirten sie auch gerne mal vorbeikommende Wanderer und Holzfäller. Als Gegenleistung bitten sie lediglich darum, dass man in die Bäume rund um die Hütte drei Kreuze ritzt – als Schutz vor der Wilden Jagd.

Besonders im Harz traf man sie häufig. Bis ein Bergknappe, der unglücklich in eines der Weibchen verliebt war und sich wieder einmal abgewiesen sah, in einem Wutanfall alle Bäume mit drei Kreuzen um die Hütte der Auserwählten abhackte. Die Moosweibchen waren danach vogelfrei und mussten fliehen. Und alle anderen Moosweibchen, die im Harz lebten, schlossen sich ihnen an.

In Bayern heißen sie auch **Finzweiberl** und tragen grüne, breitkrempige Hüte. Eng verwandt sind sie mit den flämischen **Moswyfjes** und den Tiroler **Norggen**, die aber erheblich griesgrämiger sind und deshalb gemieden werden sollten.

Gebrüder Grimm

Natürlich kennt jeder die Märchen der Brüder Grimm. Aber die sind nur ein kleiner Teil ihres Werkes. Lassen wir selbst so bedeutende Arbeiten wie „Die Deutsche Grammatik" außer Acht und wenden uns nur ihren Sammlungen von Sagen und Legenden zu, bleibt immer noch eine überwältigende Menge an Büchern und Schriften. Die beiden Brüder Jacob und Wilhelm, die beiden ältesten von fünf Geschwistern, waren nicht nur die gründlichsten Sammler, sie waren auch die ersten, die es sich nach ihrer eigenen Aussage zum Ziel setzten, die Erzählungen so zu nehmen, wie sie sie fanden, ohne sie literarisch „aufzupolieren". Hier ein kleiner Abriss über ihr Leben „mit der Sage":

Jacob Ludwig Carl Grimm und Wilhelm Carl Grimm werden am 4.1.1785 und am 24.2.1786 geboren.

Beide studierten in Kassel Jura. Dabei lernten sie Professor Friedrich Carl von Savigny kennen, durch den sie in die heute als „Heidelberger Romantiker" bezeichnete Künstler- und Wissenschaftlergruppe eingeführt wurden. Diesem Kreis gehörten um 1803/04 auch Clemens Brentano, Sophie Mereau, Achim von Arnim, Bettina Brentano und Caroline von Günderode an.

Im Herbst und Winter 1807/08 veröffentlichten Achim von Arnim und Clemens Brentano unter Beteiligung der Grimms Band 2 und 3 von „*Des Knaben Wunderhorn*". Dabei kam es zu einem tief gehenden Konzept- und Methodenstreit, in dem die Brüder Grimm ihr wissenschaftliches Anliegen, im Unterschied zum künstlerischen ihrer Freunde Arnim und Brentano betonten. Für beide war „Geschichte der Poesie" nur denkbar als Geschichte der Sage, d. h. Geschichte der poetischen Substanz, Stoff- und Motivgeschichte. „Sagen" sind im Grimmschen Verständnis mündlich und anonym durch das Volk überlieferte poetische Grundanschauungen: Die Gesamtheit mündlicher Volksüberlieferung ist „Sage", aus der schriftlichen Überlieferung aber nur der Teil, bei dem man aufgrund von Beweisen oder Anzeichen einen Ursprung in der mündlichen Volksüberlieferung vermuten kann.
Die Brüder Grimm trugen ein Jahrzehnt lang Volksbücher und mündliche Erzählungen zusammen. Wesentliche Ergebnisse dieser Periode sind u.a. folgende Werke: „*Kinder- und Hausmärchen*" (Band 1 1812, Band 2 1815), die beiden ältesten deutschen Gedichte aus dem 8. Jahrhundert: „*Das Lied von Hildebrand und Hadubrand*" und „*Das Weißenbrunner*

38

Gebet" (1812), „Die Lieder der alten Edda" (1815) und „Deutsche Sagen" (Teil I 1816, Teil II 1818).

Die Brüder veröffentlichten zusammen oder jeder für sich danach noch zahlreiche Werke, die aber wenig mit unserem Thema zu tun haben.

Eines der letzten Werke Jacob Grimms aber ist die „Deutsche Mythologie" (1844 und 1854), in der er die religiösen Vorstellungen der deutschen Stämme vor der Christianisierung rekonstruiert. Dabei beschränkt er sich allerdings auf das engere deutsche Territorium, unter vergleichender Heranziehung reicher überlieferter skandinavischer Quellen. Er setzte dabei ein Mosaik zusammen aus überlieferten Bruchstücken und Berichten, Sprachanalyse, Rückschlüssen aus dem Aberglauben und Relikten der einheimischen Religion im volkstümlichen Christentum (der „interpretatio christiana" vorgefundener Fremdlehren).

Am 16. Dezember 1859 starb Wilhelm an den Folgen eines Rückgratblutgeschwürs. Jacob starb am 20.9.1863 nach zwei Schlaganfällen. Die Grabstelle der Brüder Grimm befindet sich auf dem St.-Matthäus-Kirchhof in Berlin-Schöneberg.

Neben den Hausmärchen sind natürlich die Deutschen Sagen in ihren zwei Bänden die bekanntesten Bücher der Brüder. Im Vorwort der Deutschen Sagen äußern sich die Grimm-Brüder auch zu zahlreichen anderen Autoren, die ähnliche Sammlungen veröffentlichten, vor allem im Hinblick auf die „Reinheit der Wiedergabe". Liest man aber die Grimmsche Sagensammlung, stellt sich schnell heraus, dass auch die Brüder selbst bei den einzelnen Geschichten Veränderungen vornahmen, um sie sprachlich zu glätten und einem einheitlichen Stil anzupassen. Für Details sei hier auf Leander Petzold und Fritz Erfurth verwiesen. Außerdem hielten sich die Brüder lieber an christianisierte Fassungen und bei vielen Sagen, die früher von boshaften oder beleidigten Elfen handelten, spielt jetzt durchwegs der Teufel selbst die Rolle des Bösen. Der Schönheit der Sammlung als solcher tut dies jedoch keinen Abbruch.

◄ Moritz von Schwind (1804 – 1871), Im Walde (Des Knaben Wunderhorn) um 1848.

Ludwig Schnorr von Carolsfeld (1794 - 1872), der Erlkönig (1834).

Heide, Hügel und Moor

Man sollte meinen, wo es flach und übersichtlich ist, kann es nichts Unirdisches geben – aber weiß man denn, was in all den Hügeln steckt? Die Heide kann einen in ihrer Weite auch ziemlich beklommen machen. Und wem würde nicht mulmig zumute, wenn er vor einem tückischen Moor steht?

Hügel und Dolmen, also steinzeitliche Grabhügel, sind der bevorzugte Aufenthaltsort der „klassischen" **Elfen** oder **Elben,** die man auch das

Elben singen und tanzen ausgelassen in mondhellen Nächten.

„Schöne Volk", oder „Gute Nachbarn" nennt. In der Regel sind sie klein, etwa kniehoch, aber es wird auch von Elben berichtet, die so groß wie Menschen sind.

Man findet sie vor allem auf den Britischen Inseln, wo sie **Fairies** heißen, und in den skandinavischen Ländern. Die Isländer nennen sie **Ylf**, die Dänen **Ellefolk**. Letztere haben Rücken wie ausgehöhlte Baumstämme. Sie werden beherrscht von einem König, dem **Ellekong**, den Herder und nach ihm Goethe mit **Erlkönig** übersetzte.

In Irland kennen die Fairies überhaupt keine Hierarchie und leben in Sippen zusammen, in Wales wiederum haben sie eine Königin, Mab.

Titania und Oberon, das durch Shakespeare so berühmte Elfenherrscherpaar, ist dagegen nirgends belegt.

Alle Elben singen und tanzen für ihr Leben gern. In mondhellen Nächten kann man sehen, wie sie elegant im Kreise tanzen. So groß wie ihre Schönheit ist auch ihre Macht. Ein Hauch aus ihrem Mund kann Krankheit bringen oder gar Tod, Trugbilder heraufbeschwören oder in den Wahnsinn treiben. Hat man ihrer Musik zu lange gelauscht oder von ihren Speisen genossen, ist man unwiederbringlich in ihrem Bann und muss ihnen in ihr Reich unter den Hügeln folgen, wo hundert Jahre vergehen wie ein Tag.

Sie verstehen es, Ragwurz-Stengel in Pferde zu verwandeln, mit denen sie dann durch die Luft reiten – Flügel wurden ihnen erst in jüngerer Zeit angedichtet. Die Elben klemmen sich so einen Stengel zwischen die Beine (wie Hexen ihren Besen), rufen „horse and hattock" – und schon sitzen sie auf einem Pferd passender Größe. Ab und zu durfte ein Mensch sie auch bei ihren nächtlichen Ausritten begleiten. Mensch und Elben besuchten dann meist Feste, bei denen sie unsichtbar kräftig mitaßen, was den Gastgeber schier zur Verzweiflung brachte. Denn der dachte ja, seine geladenen Gäste hätten so einen unbändigen Appetit. Meist endete der Ausflug in einem besonders guten Weinkeller und hier schlief der menschliche Begleiter, berauscht vom Wein, immer ein und die Elben ließen ihn zurück (woraus man schließen kann, dass Elben mehr Alkohol vertragen als Menschen). Der Besitzer des Weinkellers staunte dann am nächsten Morgen nicht schlecht und der zurükkgelassene Elben-Begleiter hatte neben einem Kater auch noch das Problem, die Situation glaubwürdig zu erklären.

Feen, Elfen, Elben – Fairies oder Elves?

Ursprünglich war das Wort *Elfen* im germanischen Sprachraum unterschiedslos der Überbegriff für alle bekannten Naturgeister. Sowohl der Fluss Elbe als auch das Hochgebirge Alpen leiten sich davon ab. Auch im „*Alptraum*" findet sich das Volk aus der Anderwelt wieder.

In der nordischen Edda wird von Elben, und zwar von Licht- und Dunkelelben erzählt, wobei die Dunkelelben praktisch mit den Zwergen gleichgesetzt werden, und die Lichtelben einfach all die anderen sind, die oberirdisch leben.

In den romanischen Sprachen dagegen wurden alle unirdischen Wesen als Feen bezeichnet – zu Wunsch erfüllenden Frauen entwickelten sie sich erst später.

Auf den Britischen Inseln wird es dann erst richtig kompliziert, denn dort findet sich beides, das Wort „*Fairy*" (Mehrzahl „*Fairies*") oder „*Faerie*", das sich von Fee herleitet und der Begriff „*Elf*" (Mehrzahl „*Elves*"). Wer nun wer ist, hat mir lange Kopfzerbrechen bereitet. Hier der Versuch einer Lösung:

„*Elves*" sind kleine Wesen in menschlicher Gestalt, die sich in allerlei andere Gestalten und Tiere verwandeln können. Sie leben unter der Regentschaft von Königen. Es heißt, die Männer sähen wie Greise aus, die Frauen aber wie junge, schöne Mädchen. Sie sind sehr darauf aus, Menschen in ihren Bann zu ziehen, stets mit üblen Absichten. Überhaupt sind sie den Menschen nicht sehr gewogen.

Die „*Fairies*" sind ebenso kleine Wesen in menschlicher Gestalt, die sich in allerlei andere Gestalten und Tiere verwandeln können. Sie leben nur selten in hierarchischer Ordnung. Bei ihnen sind alle jung und schön, Männer wie Frauen, und sie lassen die Menschen meistens in Frieden. Allerdings haben sie einen so hochgradigen Sinn für Schönheit, dass sie manchmal besonders schöne Babies aus deren Wiegen rauben. Aber eigentlich ist ihr Gerechtigkeitssinn sehr ausgeprägt, und Menschen in Not haben sie oft auch schon beigestanden.

Nebenbei: Die verführerischen Damen, die heutzutage als Feen verstanden werden, gibt es in Großbritannien natürlich auch. Man nennt sie „*Fey*", allerdings in der männlichen Form und französisiert. Deshalb heißt Morgana dort „*Morgan le Fey*".

Einen einleuchtenden Grund dafür konnte ich beim besten Willen nicht entdecken.

Der irische Leprechaun fertigt die Schuhe für das Stille Volk und behütet dessen Schätze. Er ist leicht zu erkennen an seinem grünen Rock und dem großen, spitzen Hut.

In Irland haben die „*Fairies*", oder zumindest die „*Sidhe*", die so etwas wie das irische Adelsgeschlecht der „*Fairies*" sind, auch noch ihren eigenen Schuster, den **Leprechaun**. Das Klopfen eines kleinen Hämmerchens auf Leder ist das Geräusch, das unfehlbar seine Anwesenheit anzeigt. Wird man seiner ansichtig, sollte man so höflich wie nur irgend möglich sein, denn er kann, wenn schlecht gelaunt, ungeahnte Kräfte entwickeln. Zu erkennen ist er leicht: Er hat einen gepflegten Bart und ist ganz in Grün gekleidet, seltener in Rot, mit einem runden Hut in Grün oder Braun. Besonders augenfällig sind die Silberschnallen an seinen Schuhen und die silbernen Knöpfe an seinem Wams.

Neben der Schuhmacherei hütet der Leprechaun noch die Schätze der Elfen, die er dazu in Töpfe füllt und vergräbt. Viele haben schon versucht, so

Das wichtigste Handwerkzeug des Leprechaun ist das Hämmerchen.

einen Topf zu finden. Schafft man das Kunststück, dazu den Leprechaun einzufangen, darf man ihn keine Sekunde aus den Augen lassen. Schaut man auch nur einen Augenblick woanders hin – ist er verschwunden.

Am klügsten ist es, man denkt gar nicht an das Gold! Viel angenehmer ist es, einfach die Gesellschaft des Leprechauns zu genießen, wenn man ihn in guter Stimmung antrifft. Er hat ein schier unerschöpfliches Repertoire an kurzweiligen Geschichten und schönen Liedern und ist ein geselliger, fröhlicher Kamerad, besonders bei einem Schluck Guinness, das er sehr zu schätzen weiß. Zu fortgeschrittener Stunde kann es dann sogar passieren, dass er einem – einfach so – einen Beutel voller Gold zusteckt.

Die **Hötkenbötken** lebten in der Nähe von Oldenburg in der Region Uelzen, Lüneburger Heide. Sie bauten auf ihrem eigenen Feld heilkräftige Kräuter an und verschenkten sie an Bedürftige. Einem Bauer, der ohne eigene Schuld ruiniert worden war, erlaubten sie gar, ihr Feld ganz abzuernten und mit den Kräutern auf eigene Rechnung Handel zu treiben. Einzige Bedingung: Niemand durfte den Hötkenbötken zusehen, wenn sie ihren Acker bestellten. Es kam, wie es kommen musste. Die Frau des armen Bauern konnte ihre Neugierde nicht zügeln und schlich zu dem Kräuterfeld. Dort beobachtete sie die Zwerge, die fleißig arbeiteten. Schließlich warf sie gar aus Übermut eine Hand voll Erdklumpen nach der kleinen Schar. Die Hötkenbötken verschwanden mit dem Ruf: „Wohrt jo Hötken und jo Bötken! Wohrt jo Been vör de Steen!" Von diesem Ausruf – für die Kenner der Mundart sicher kein Problem – rührt auf jedenfall der Name der Zwergenschar her. Die Heidezwerge jedenfalls ließen sich nie wieder blicken.

Der **Aufhocker** oder **Hockauf**, norddeutsch **Huckup** kommt in erster Linie in Deutschland vor. In Belgien kennt man diese Art von Quälgeist aber auch. Dort heißt er **Kludde**. Überall kann er einem auflauern, aber besonders gerne legt er sich natürlich auf Hohlwegen in den Hinterhalt, denn nirgends kann man sich besser ungesehen an jemanden heranmachen als von einem Hügel aus. Ist es dann dunkel und kommt ein einzelner Mensch des Weges, tritt der Aufhocker in Aktion: Er springt dem Unglücklichen auf den Rücken und nichts kann ihn mehr abschütteln. Dabei wird er immer schwerer, je größer die Angst seines Opfers wird, und lässt sich oft weite Wegstrecken tragen, bis er genug hat und wieder abspringt. Manchmal hilft gegen ihn auch Glockengeläut, eine Brücke oder eine Kreuzung, die überquert werden. Der Aufhocker kann die Gestalt eines Kobolds, einer Hexe, eines Bären oder Hundes haben, kann als Wassergeist erscheinen oder als der Teufel persönlich. Es wird sogar von einer Aufhocker-Kuh berichtet und in Thüringen gar von einem weißen Reh.

Egal, wer der Wanderer ist, es kann jeden treffen. Mit dem Charakter oder dem Reichtum der Menschen hat es jedenfalls nichts zu tun. Man kann ein noch so reines Gewissen haben und wird trotzdem *„behockt"*. Es ist auch nicht bekannt, warum die Aufhocker das tun. Vielleicht einfach nur aus Spaß.

Im Bodenteicher Holz in der Lüneburger Heide haust ein Hockauf, den die Leute *„der Pape"* nennen. Der steigt den Leuten in den Nacken und lässt sich tragen. Niemand schafft es, ihn abzuschütteln, die meisten wagen es auch gar nicht. An der Reinstorfer Grenze verschwindet er dann ganz von selbst. Mitunter kann man auch sein heiseres Lachen aus dem Wald klingen hören.

Im Spessart nimmt man an, dass es sich bei den Aufhockern um Nachtkobolde handelt. Man nennt sie dort **Ambeditchen**. In der Nähe von Sommerau soll es so viele von ihnen geben, dass es einem einsamen Wanderer durchaus passieren kann, dass sich gleich mehrere an ihn hängen. So wird von einem Mann berichtet, der drei schleppen musste, einen auf dem Rücken, einen am rechten und einen am linken Arm. Obendrein zwicken und kneifen die Ambeditchen ihren Träger auch noch aufs Heftigste. Irgendwann lassen sie sich dann plötzlich fallen und verschwinden kichernd.

In Thüringen gibt es noch eine ganz besondere Art des Aufhockers: Den **Bieresel**, manchmal auch **Trollbär** genannt. Er lauert neben den Ausgängen von Wirtshäusern oder Kneipen. Kommt jemand heraus, der zu viel getrunken hat, springt er ihm auf den Rücken. Erst wenn der Betrunkene zu Hause ankommt, lässt der Bieresel von ihm ab. Es soll aber auch schon Fälle gegeben haben, in denen der Aufhocker sogar sitzen blieb, bis sein Opfer ins Bett fiel. Mit Glück hat der Zecher am nächsten Morgen nur ein verschwollenes Gesicht, einen besonders großen Kater und heftige Rückenschmerzen. Oft aber bekommt er auch noch Fieber und es soll sogar schon Menschen gegeben haben, die an der Last des Bieresels starben, zumindest wenn er bei ihren häufigen Wirtshausbesuchen oft Gelegenheit hatte, ihnen aufzusitzen.

Die Hügel der Insel Rügen beheimaten drei Arten von Zwergen. Da sind zuerst einmal die **Weißen Zwerge**. Sie sind gutmütige, freundliche Wesen, die den Winter im Untergrund verbringen, wo sie Schmuckstücke fertigen, die so fein sind, dass ein menschliches Auge sie gar nicht sehen kann. In den Frühlingsnächten verlassen sie ihre Höhlen und bauen sich eine Art Sommersitz in einem Baum. Dort verbringen sie in der warmen Jahreszeit jede Nacht mit Tanz und Festefeiern. Sie selbst sind für die Menschen unsichtbar, aber ihre Musik ist schon von manchem Wanderer gehört worden. Dann gibt es noch die **Braunen Zwerge**. Wie der Name schon vermuten lässt, sind Hosen und Jacken von brauner Farbe, genau wie ihre Kappen. Und an jeder Kappe hängt ein Glöckchen. Es handelt sich dabei um Tarnkappen. Sollte ein Mensch in den Besitz so einer Kopfbedeckung kommen, muss sich

Im Frühjahr verlassen die Weißen Zwerge ihre Höhlen und wohnen den Sommer über in Bäumen.

ihm der Zwerg bedingungslos unterwerfen. Diese Zwerge sind fröhliche Gesellen mit einem Hang zum Schabernack.

Die dritte Art sind die **Schwarzen Zwerge**. Sie sind Meister der Schmiedekunst und eine Waffe aus ihren Händen ist nicht mit Gold aufzuwiegen. Sie kennen weder Tanz noch fröhliche Feiern, keinen Gesang, höchstens eine Art Geheul. Menschen können sie nicht leiden und will ein Sterblicher eine Waffe von ihnen, muss er teuer dafür bezahlen.

Die **Korrigan** bevorzugen Quellen in Wiesengründen oder Brunnen unter freiem Himmel als Wohnsitz. Es handelt sich um Frauen, die weiche, weiße Kleider tragen, über die offen ihr langes, blondes Haar fällt. Man kann ihnen in Britannien und in der Bretagne begegnen. Ihre Verwandten sind die **Laminak** im baskischen Teil der Pyrenäen.

Tagsüber schlafen die Korrigan unter der Erde in ihren Höhlen, doch nachts kommen sie heraus. Das hat seine Gründe: Im Mondlicht erscheint die Korrigan als atemberaubend schöne, junge Frau. Im Sonnenlicht dagegen wird ihr wahres Alter – oft viele hundert Jahre – offenbar. Oft und gerne kämmen sie ihr Haar und singen dazu uralte Lieder. Tanzen sah man sie dagegen noch nie.

Die Korrigan haben bei all ihrer nächtlichen Schönheit ein Problem: Sie schrumpfen. Von Jahr zu Jahr werden sie ein paar Millimeter kleiner. Als Gegenmittel versuchen sie, ihr eigenes Blut aufzufrischen, indem sie sich sterbliche Liebhaber nehmen, um mit ihnen Kinder zu zeugen. Inwieweit sie damit bisher Erfolg hatten, weiß man nicht. Aber eines steht fest: Wenn sie bei Vollmond an ihrer Quelle oder ihrem Brunnen lockende Lieder singen, neben sich einen Picknickkorb voller Leckereien, kann kein Mann diesen Klängen widerstehen. Und keiner der Männer, die dem Lied der Korrigan bisher folgten, ist jemals wieder zurückgekehrt.

Der Púka betätigt sich häufig als Irrlicht und führt Reisende auf den falschen Weg.

Weniger ätherisch sind die **Púka**. Sie gehören zum walisischen Elfenvolk, genauer gesagt, zu den *„Ellylon"* (Einzahl *„Ellyll"*), den Wiesengeistern, auch *„y Tylwyth Teg"* genannt. Von ihren englischen Verwandten unterscheiden sie sich in mancherlei Hinsicht, nicht zuletzt dadurch, dass sie eine Königin haben, die bereits erwähnte Mab.

Zu den Ellylon zählen neben anderen auch die *„Ellydan"*. *„Dan"* heißt übersetzt Feuer. Und das passt sehr gut, denn sie betätigen sich oft und gern als Irrlichter. Die Waliser nennen sie auch *„Pwca"* oder *„Púka"* – oder einfach das *„Gute Volk"*. Und damit wären wir bei der Elfengruppe angelangt, zu der wir wollten: Der Beschreibung nach sind sie klein, mit zottigem Haar und Bocksbeinen. Wer einem Púka folgt, den führt er nicht selten querfeldein über Stock und Stein. Dabei trägt er eine hell leuchtende Laterne hoch über dem Kopf vor sich her – um plötzlich sein Licht zu löschen und zu verschwinden. Der Grund sind möglicherweise ein paar Artgenossen, die er erspäht hat und mit denen er jetzt unbedingt tanzen muss. Es kann aber auch sein, dass er, viel schlimmer, nur darauf aus war, den Wanderer an einen Abgrund zu locken, über dem der Púka dann schwebt und sein Opfer auslacht, wenn es gerade noch rechtzeitig zurückschreckt. Es ist aber nicht bekannt, dass jemals jemand ernstlich durch einen Púka zu Schaden gekommen wäre.

Elfen bei Shakespeare und den Viktorianern

Niemand hat unser heutiges Elfenbild so nachhaltig beeinflusst wie William **Shakespeare**. Wenn wir heute an anmutige, geflügelte Wesen denken, die höchstens mal einen harmlosen Streich aushecken, ansonsten aber lieb und gut sind, liegt das an seinem *„Sommernachtstraum"*.

Aber Shakespeare hatte schon vor diesem Stück wiederholt auf die Elfen angespielt. In *„Die Lustigen Weiber von Windsor"* gipfelt die Handlung in einem Ball, in dem Kinder als Elfen auftreten. Falstaff selbst kommt als der Jäger Herne, der auch als Anführer der Wilden Jagd gilt. In dieser Rolle trägt er ein Hirschgeweih – in diesem Fall Sinnbild dafür, dass er, der doch zwei Ehemännern Hörner aufsetzen wollte, letztendlich der einzige Betrogene ist. Falstaff hatte nämlich versucht, zwei schmucke Frauen, Frau Page und Frau Ford, zu verführen. Die beiden denken aber gar nicht daran, ihre Männer zu betrügen, sondern gehen nur zum Schein auf Falstaffs Angebote ein, um ihn gehörig lächerlich zu machen.

Die Elfen tauchen hier also nur als Sinnbild auf. Bei *„Romeo* und *Julia"* wird ihre Rolle schon dramatischer, obwohl keine Elfe leibhaftig

vorkommt. Es geht vielmehr um eine Rede Mercutios, des Spaßmachers in der Clique um Romeo. Er beschreibt darin Mab, die Elfenkönigin, die in nächtlichen Träumen in ihrem Wagen aus Haselnussschale fährt „durch das Gehirn der Verliebten, dann träumen sie von Liebe". Seine Rede beginnt lustig und wird zunehmend unheimlicher. Dabei hält er sie genau in dem Moment, als man aufbricht, um sich bei einem Fest der Capulets – also der verfeindeten Familie – einzuschleichen. Der Lauf der Handlung wird also durch die Erzählung von Mab unterbrochen und ein Wendepunkt markiert. Denn danach wird Romeo auf Julia treffen und die Tragödie ihren Lauf nehmen.

Aber eigentlich ist es ja doch der „Sommernachtstraum", der die Elfenwahrnehmung geprägt hat. Dabei sagt schon der Titel, dass es sich nur um einen Traum handelt. William Shakespeare macht damit deutlich, dass Elfen nichts sind, an das man glauben sollte. Warum? Die Quellen, aus denen der Dichter sein Wissen über die Anderwelt bezog, sind im Wesentlichen walisische Legenden – daher auch Mab – und die Geschichten von Reginald Scot. Scot wiederum wandte sich damit gegen die selbst ernannten Dämonologen, die man zur damaligen Zeit an allen Ecken finden konnte. Diese setzten, gestützt auf Aussagen von als Hexen angeklagten Frauen, jede Elfe und jeden Hausgeist mit dem Teufel gleich, der nur Böses im Schilde führte, selbst wenn er augenscheinlich Hilfe brachte.

Doch Scots Elfen waren immer gut und nett. Der damalige Adel verschlang seine Erzählungen geradezu. Diese Klasse hatte ja keinen Kontakt zum gemeinen Volk, war aber natürlich neugierig darauf. Ein Graf konnte ja wohl kaum zu seinem Stallknecht gehen, um sich davon erzählen zu lassen. Scots Bücher zu lesen war dagegen nicht unter seiner Würde. Er durfte nur nicht zugeben, dass er die Geschichten tatsächlich glaubte.

Und so konnte dann auch der „Sommernachtstraum" entstehen. Der berühmteste Elf daraus ist zweifellos Puck. Er hat eine wahre Manie ausgelöst. Puck-Balladen, Puck-Gedichte, Puck-Lebensgeschichten – alles Mögliche wurde später über ihn geschrieben und sein Charakter mal so, mal so verändert. Shakespeare selbst hat in ihm Eigenschaften von Robin Goodfellow – dem Elf, der mal gut, mal böse ist –, und dem Puká vermischt und einen liebenswerten Schlingel daraus geformt.

Titania und Oberon, das Herrscherpaar dagegen, hat Shakespeare frei erfunden. Als Vorbild und Namensgeber für Oberon diente ihm dabei ein Feenkönig, der in der französischen Romanze „Huon de Bordeaux" von John Bourchier vorkommt. Dort ist er allerdings ein aufgrund eines Fluches sehr kleinwüchsiger Mann, aber mit dem Gesicht eines Engels.

Sir Yoshua Reynolds (1732 - 1792), Puck (1789).

◄ Sir Joseph Noel Paton (1821 - 1901), Der Streit zwischen Oberon und Titania (1849).

Titania dagegen gilt allgemein als Anspielung auf die damals herrschende Queen Elisabeth I., die ja selbst nie geheiratet hat, und das angesichts der Behandlung, die Titania durch Oberon widerfährt, vielleicht auch ganz gut fand.

Im 19. Jahrhundert, als Queen Viktoria regierte, erlebten die Elfen eine neue Verwandlung. Aus den hübschen, guten Elfen Shakespeares wurden für **die Viktorianer** süße Elfen in Gestalt kleiner Mädchen mit Flügelchen und flitterbesetzten Tüllkleidchen.

Diese Zeit war eine der widersprüchlichsten überhaupt. Zunehmender technischer Fortschritt, wie etwa durch Entdeckung der Elektrizität, eröffnete nie geahnte Möglichkeiten der Entwicklung. Eine aufstrebenden Mittelklasse entstand. Aber ihr gegenüber stand eine am Existenzminimum dahinvegetierende Unterschicht. Beides beunruhigte die Oberschicht gleichermaßen, denn sie sah ihre Vormachtstellung gefährdet. Die ideale Kindheit, die von der Romantik verklärt wurde, stand einer wahrhaft unmenschlichen Art der Kinderarbeit gegenüber.

Dies führte zu einer Sehnsucht der Menschen nach einem Leben in einer ruhigen Idylle. Das Ideal vom harmonischen Landleben (natürlich unter Weglassung der schweren körperlichen Arbeit) wurde geboren. Und zum beschaulichen Landleben gehören auch fröhlich umherflatternde Elfchen.

Lautere Elfen einerseits und der romantische Gedanke der Kinderunschuld andererseits verschmolzen bald miteinander – die viktorianische Elfe war geboren. Die damals aufkommende Mode, bei den traditionellen englischen Weihnachtsspielen so genannte Verwandlungsszenen aufzuführen, tat ein Übriges. In diesen Szenen wurden nämlich mit Vorliebe Dutzende von Mädchen als Elfen verkleidet gezeigt, die um ein etwas älteres Mädchen, das die Elfenkönigin darstellte, posierten. Die Flitterkleidchen wurden irgendwann einmal durch etwas schlichtere Kostüme ersetzt und die Szenerie zunehmend der Natur nachgebildet. Und so betraten Blumenelfen die Bühne.

Der „*Sommernachtstraum*" selbst wurde wieder mit Vorliebe aufgeführt – selbstverständlich neu inszeniert. Durch den technischen Fortschritt waren nämlich viel raffiniertere Aufführungen möglich. Vor allem Spielereien mit elektrischem Licht und Schatten gewannen zusehends an Beliebtheit. Die ersten „*Special Effects*" waren erfunden. Maler wie etwa Sir Joseph Noel Paton nutzten die Handlung, um eine Ansammlung spärlich bekleideter Elfen, alle (abgesehen vom Herrscherpaar) noch im Kindesalter, zu malen. Lewis Carroll schrieb

◀ Sir Joseph Noel Paton (1821 - 1901), Die Versöhnung von Oberon und Titania (1847), Detailansicht.

„*Sylvie und Bruno*", wo zwei Kinder sozusagen zu Elfen werden, wobei Bruno das unschuldige, aber auch unvernünftige Kind symbolisiert und Sylvie die zarte, anmutige, aber bei aller aufknospenden Weiblichkeit reine Elfe.

Eine unterschwellige Sexualität ist bei den Viktorianischen Elfen also nie zu leugnen. Am unverhülltesten tritt sie vielleicht beim „*Kobold-Markt*" von Christina Rosetti zutage, wo zwei Schwestern jeden Abend von Kobolden mit dem Ruf „Komm und kauf" gelockt werden, bis die eine wirklich hingeht und eine Frucht kauft, die so süß schmeckt, dass sie saugt und saugt, bis ihre Lippen wund sind. Es sei dahingestellt, ob dies ein Ventil der ansonsten so zur Schau gestellten Prüderie des damaligen Englands war oder der Ansatz eines neuen Selbstverständnisses der Frau und ihrer Weiblichkeit.

Letztendlich überlebt haben die lieblichen Kinderelfen, wie sie z. B. den viktorianischen Mädchen der Oberschicht als Ausschneidebögen zum Spielen dienten.

Púka betätigen sich also als Irrlichter, wenn ihnen danach der Sinn steht. Aber es gibt auch Geister, für die ist das eine Vollzeitbeschäftigung. Sie erscheinen als blaue Flämmchen über sumpfigem Gelände. Folgt man ihnen, gerät man schnell vom Weg ab und irrt stundenlang im Kreis herum – falls man nicht sogar an die grausamere Sorte gerät, die einen direkt in den Morast führt. In Deutschland erscheinen sie unter der Bezeichnung **Dröglicht** oder **Irdlicht**. In England nennt man sie **Will-o'-the wisp**, in Australien **Quinnslicht**. Die Niederländer rufen sie **Dwaalicht**, die Schweden **Irrblos**. Französisch heißen sie **Feu follet**, italienisch **Fuoco fatuo**. Man denkt sie sich als kleine graue Männchen, die schweigend mit ihren Laternen auf einsame Wanderer lauern. Gesehen hat man sie noch nicht, da außer dem Flämmchen ja nichts zu erkennen ist. Deshalb glauben auch viele, es handele sich um Geister, die ganz aus der blauen Flamme bestehen, ohne festen Umriss. Wieder andere halten sie für unerlöste Seelen.

Zu Letzteren dürften die Lichter zählen, die es in Niederbayern gab, hauptsächlich in der Gegend von Vilshofen. Ob in diesem Gebiet besonders viele Menschen zu Lebzeiten schlimme Dinge getan hatten und deshalb nach dem Tod umgehen mussten, oder ob sich dort die armen Seelen aus ganz Bayern sammelten – wer weiß das schon. Jedenfalls erschienen in dieser Region bemerkenswert viele **Irrlichtlein** oder **Irrliachtl**. Das Besondere war, dass sie eigentlich gar nicht irreleiteten – jedenfalls nicht gleich. Sie waren im Gegenteil sehr gefällig, öffneten Gattertore, leuchteten den nächtlichen Weg aus, schoben gar schwere Wägen mit an. Für all das erwarteten sie, dass man ihnen danke sagte. Eigentlich nicht zuviel verlangt, oder? Aber so mancher niederbayerische Bauer bekam das nicht über die Lippen, machte sich gar über das Irrlicht lustig, weil es sich umsonst so geplagt hatte. Wenn dann diese schnöde Person Glück hatte, flog das Lichtlein bitterlich weinend davon. Hatte sie Pech, watschte sie das Irrlicht erst mal ordentlich ab, bevor es verschwand., d. h. es gab ihr ein bis zwei gehörige Ohrfeigen. Auf jeden Fall aber konnte der Undankbare sicher sein, dass die Irrlichtlein sich bei ihm von da ab sehr bemühten, ihrem Namen Ehre zu machen, und ihn wirklich bei jeder Gelegenheit in die Irre leiteten.

Ebenfalls Meister im Irreleiten sind die **Pixies** oder **Piskies** Großbritanniens. Sie wollen einem dabei nicht wirklich übel mitspielen, es macht ihnen nur ungeheuren Spaß. Pixies sind winzige, behaarte Geister, meistens nackt oder in Lumpen, die dann dafür aber unbedingt knallbunt sein müssen. Und fast alle Pixies haben rote Haare. Man kann ihnen sogar am hellichten Tag zum Opfer fallen, in Gegenden, die man eigentlich ganz genau kennt, denn sie verstehen sich aufs „Blenden", d. h., sie vermögen einem Dinge vorzugaukeln, die gar nicht da sind. Oder sie lassen vorhandene Dinge unsichtbar werden, z. B. eine Weggabelung – oder sich selbst.

In solchen Fällen gibt es nur zwei Möglichkeiten: Man muss seine Jacke „auf links" tragen, also mit dem Futter nach außen. Das verwirrt die Pixies dann so sehr, dass sie einen ziehen lassen. Oder aber, man hat ein paar Brösel Zwieback in der Tasche – eine ganze Scheibe geht natürlich auch. „Zweimal gebackenes Brot" stößt Pixies regelrecht ab, sie wollen einem dann nicht nahe kommen und man ist vor ihren Scherzen sicher.

Kinder leiten die kleinen Kerle übrigens nie in die Irre. Sie fühlen sich vielmehr mit ihnen seelenverwandt. Kein Wunder, wenn man solche Streiche ausheckt. Es kommt sogar vor, dass ein Pixy einem Kind kleine Spielsachen in den Weg legt und gut versteckt darauf aufpasst, wie das Kind reagiert. Gefällt das Spielzeug dem Kind, kann man den Pixy mitunter kilometerweit vor Freude lachen hören.

Gut bekannt mit den Irrlichtern und womöglich noch weiter verbreitet sind die **Nebelgeister** oder **Nebelmännlein**. Sie verstehen sich aufs Wettermachen, können Stürme, Überschwemmungen und Lawinen auslösen, künden das kalte Wetter an, oder die rechte Zeit zur Aussaat. Leider ist ihr Verhältnis zu den Menschen nicht das beste.
So hüllen sie gefährliche Wege in dichte Nebelschwaden, damit ein Hirte den vorhandenen Abgrund übersieht und mit seinem Vieh hinabstürzt. Auf die gleiche Art narren sie auch Wanderer und Wallfahrer, die dann froh sein kön-

Ein Pixi beim Zubereiten der Speisen von Rosa C. Petherick.

Nebelgeister verstehen sich aufs Wettermachen, können Stürme, Überschwemmungen und Lawinen auslösen. Sie künden das kalte Wetter an oder die rechte Zeit zur Aussaat.

▶ Nebelfrauen können ähnlich den Irrlichtern gefährlich werden, denn ihr ganzes Ansinnen besteht darin, Wege und Straßen in ihre dichten Schleier zu hüllen und den Reisenden in die Irre zu führen.

nen, wenn sie keinen größeren Schaden nehmen als ein paar blaue Flecken oder einen verstauchten Fuß, weil sie in einem vom Nebel verborgenen Graben gelandet sind.

Ähnlich gefährlich kann es werden, wenn man auf die **Nebelfrau** trifft. Sie tritt dem Wanderer manchmal in der sumpfigen Gegend um Raistig oder Stillern am Ammersee entgegen als kleines Weiblein, ganz in weiße Schleier vermummt, und begleitet ihn dann unaufgefordert. Klein wie sie ist, erscheint sie eigentlich ganz harmlos, aber irgendwann hebt sie dann die Arme und lässt ihre Schleier flattern. Sie heben sich federleicht in die Luft, werden immer länger und wehen einem bald dicht vor den Augen, bis man den Weg nicht mehr erkennen kann. Die Nebelfrau selbst tanzt dabei um einen herum und bläst einem die feinen Gespinste ins Gesicht. Die sind obendrein noch ganz feucht, sodass man, wenn man stehen bleibt, bald am ganzen Körper durchnässt ist und zu frieren beginnt. Erst wenn der Hahn kräht oder eine Glocke schlägt, verliert die Nebelfrau ihre Macht und muss sich zurückziehen.

Die **Nebeltänzerinnen** dagegen sind eher aufs Verführen aus. Man kann sie sehen, wie sie in eleganten Pirouetten über die Wiesen tanzen. Wo sie getanzt haben, ist der Boden besonders fruchtbar. Aus Mondlicht und Nebelschwaden weben sie mit Spindeln aus Weidenholz zarte Schleier in leuchtendem Weiß. Ein Mann, dem sie in die Augen geblickt haben, ist ihnen verfallen. Er hört dann – und nur er allein, so groß die Menschenmenge um ihn auch sein mag – ihre Stimmen, die ihn rufen, und er muss ihnen folgen. Nie hat man solche Männer jemals wiedergefunden.

Ebenfalls begabte Tänzerinnen, aber ohne Hintergedanken sind die **Moorjungfrauen** in der Rhön. Sie bewohnen das so genannte Rote Moor, wo sie um Mitternacht ihre Reigen tanzen. Dabei stört es sie kein bisschen, wenn Menschen ihnen dabei zuschauen.

Die Moore im Fünfseenland beherbergten keine schönen Mädchen, dafür aber zahlreiche **Feurige Männchen**. Sie kamen vor allem in der Nähe des Ammersees vor. Am liebsten zeigten sie sich samstags. Früher war es nämlich Sitte, dass alle Bauern der Umgebung sich am Samstag beim Wirt in Dießen versammelten, um Begebenheiten zu besprechen – und das eine oder andere Bier zu trinken. Auf dem Heimweg geschah es dann oft, dass sich vor ihnen die Feurigen Männchen urplötzlich aus dem Moor neben dem See erhoben, durch die Luft wirbelten, sodass sie aussahen wie brennende Räder, und sich schließlich auf den alten Eichen tüchtig rauften. Wurde ihnen das zu langweilig, umtanzten sie die Bauern und begleiteten sie nach Hause. Sie taten aber nie jemandem etwas zuleide. Deshalb gewöhnten sich die Bauern

55

Mit Einbruch der Dunkelheit verwirrt
die Moorhexe zusammen mit den
Nebeljüngferchen den Wanderer im
Moor.

bald an sie und nahmen sie als selbstverständlich. Das war den Männchen anscheinend auch wieder nicht recht, denn eines Tages blieben sie aus und niemand hat sie mehr gesehen.

Das Venn, ein Hochmoor in der Eifel, ist die Heimat des **Venngeistes**. Er wohnt dort in einer Torfhütte, ist von mächtiger Gestalt und hat einen zottigen Bart, der aussieht wie Wurzelgeflecht. Er hegt und pflegt die grünen Moose und die Beerensträucher mithilfe der **Wassermännlein**, die Tarnkäppchen aus Wollgras tragen.

Leider hat der Venngeist eine böse Frau, die man die **Moorhexe** heißt. Sie hat sich die **Nebeljüngferchen** untertan gemacht, die nun auf ihr Geheiß bei Einbruch der Dunkelheit übers Venn tanzen und ihre Schleier wirbeln, sodass sich jeder, der zu dieser Zeit noch dort unterwegs ist, verirren muss. Hat der Verirrte Glück, taucht ein Licht vor ihm auf und weist ihm den rechten Weg. Dann hat der Venngeist mit seiner Frau um den Menschen gestritten und ist siegreich geblieben und ein Wassermännlein darf flugs mit einer Laterne losziehen und helfen.

Wiesen, Auen, Felder

Wo Heil bringende Kräuter wachsen – oder auch giftige Pflanzen, da muss es auch Wesen geben, die sich um sie kümmern.

Frau Holle ist der Schutzgeist des Holunders. Wie es dazu kam, dass sie in einem der Märchen der Gebrüder Grimm zur Bettenausschüttlerin wurde, die dafür sorgt, dass es auf Erden schneit, erklärt sich ganz leicht. Man muss nur einmal sehen, wie bei einem Holunderstrauch, oder Hollerbusch, seine tausend kleinen Blüten zu Boden schneien, nachdem die Bienen ihr Werk getan haben. Frau Holle ist die Königin der **Hollerweibchen**, die jeden Holunderbusch bewohnen. Von ihnen wird an anderer Stelle noch erzählt wer-

In Wiesen Auen und Feldern wachen Schutzgeister über Kräuter, Sträucher und Büsche.

den. Oft wird Frau Holle auch mit Frau Perchta gleichgesetzt, von der ebenso später noch die Rede sein wird, und in der Tat sind sie Schwestern.

Übrigens: In Hessen hat sie sogar ihren eigenen Badeteich, den Frau-Holle(n)-Teich im Meißner Gebirge.
Im Schatten des Haselstrauches wohnt ein kleines, buckliges Männlein, ein niedlicher Zwerg mit kleinen Händen und großem Mund, das **Haselmännchen**. Das sitzt im Herbst versteckt hinter den Haselnussblättern auf den Zweigen und haucht die kleinen Nüsse an. Die, die er nicht anhaucht, bleiben ganz hart und sind kaum aufzubrechen. Die anderen, die sein Atem trifft, sind später leicht zu knacken. Ist es im Frühling gut gelaunt, das Männchen, dann gibt es eine gute Ernte, ist es aber voll tückischer Schrullen oder fühlt es sich von den Menschen nicht höflich genug behandelt, sorgt es für viele taube Nüsse. Das Haselmännchen kennt man im gesamten deutschsprachigen Raum.

Im Wacholder leben die **Kranawittgeister**, auch einfach **Kranawitt** geheißen. Der Name kommt daher, dass man die Pflanze früher Kranawite, Kronabetbaum oder Krametsbirl nach seinen Beeren nannte. Auf den Britischen Inseln nennt man die Kranawitt auch **Juniper-Wights**, in Skandinavien **Kaddigs** oder **Knirkes**. Diese Geister sollen ähnlich dem irischen Leprechaun Töpfe voller Gold besitzen, die sie in gut verschlossenen Höhlen verstecken. Der Schlüssel zur Höhle ist unter den Wurzeln ihres Strauches vergraben. Es tut aber nicht gut, wenn man einfach dort nachgräbt, denn wird der Baum verletzt, bedeutet das den Tod für ein Tier, das dem unvorsichtigen Schatzgräber besonders wichtig ist. So stand z. B. auf dem Hofe Hohl in der Nähe von Leipzig ein großer und schöner Wacholder. Auf dem Hof war auch bekannt, dass ein Tier sterben müsse, wenn man diesen Wacholder eines seiner Zweige beraube. Ein Zimmermann, der darauf nichts gab, schlug eines Tages einen Zweig dieses Strauches ab. Nur kurze Zeit danach verendete ein großes Schwein, auf dessen Aufzucht der Zimmermann alle Mühe verwandt hatte und auf das er sehr stolz gewesen war.

Die Kranawittgeister können aber auch recht hilfsbereit sein. Einem blinden Mädchen haben sie einst zugerauscht, es solle seine Augen mit den Blättern ihres Busches bestreichen. Kaum hatte es das getan, konnte es wieder sehen. Die Geister stecken auch allerlei Heilsames in ihre Beeren und wer sich ihnen mit dem gebührenden Anstand nähert, der darf von diesen Beeren pflücken.

Eine Verwandte des Holzweibchens aus dem Wald ist das **Kräuterweiblein**, das aber die Auen bevorzugt. Es sammelt Heilkräuter und bereitet daraus Tees

Ruth Schuhmann: Das Kräuterweiblein mit seinem Korb voller heilkräftiger Kräuter, Essenzen und Salben.

und Salben, die es kranken Menschen und Wöchnerinnen bringt, sofern man es höflich willkommen heißt. Man kann es beobachten, wie es mit seinem Korb durch die Wiesen läuft. Manchmal bittet das Weiblein ein vorbeikommendes Mädchen, ihm das Haar zu kämmen. Kommt es der Bitte nach, entlohnt das Weibchen den Dienst, indem es dem hilfsbereiten Menschen gelbe Blätter in den Schoß schüttet. Kommt man dann mit den Blättern zu Hause an, haben sie sich in reines Gold verwandelt.

Eng verwandt mit den Kräuterweiblein sind in Aussehen und Verhalten die **Buschweiblein** in der Eifel. Beide ähneln einander im Aussehen genauso wie in ihrem Verhalten den Menschen gegenüber.

In der Nähe von Reichenhall lebte einst das **Weidwiesenweiblein**. Es war winzig klein und ganz in Schwarz gekleidet mit einem großen schwarzen Hut, der sein Gesicht so beschattete, dass man nichts davon erkennen konnte. Manchmal kam es des Nachts mit einer kleinen Laterne in der Hand und leuchtete den Leuten, die so spät noch unterwegs waren. Als ihm dafür einmal ein Fuhrmann, dem es geleuchtet hatte, überschwenglich „Vergelt's Gott" sagte, dankte es ihm für den „Lohn", den er ihm damit gespendet hatte, und verschwand. Seitdem hat es sich nie wieder sehen lassen.

Im Lechrain, das sind die Auen an den Ufern des Lechs etwa von Füssen bis Rain – und nur dort – auf den Wiesen, aber auch in den Gräben, kann man die **Hojemännle** finden. Klein sind sie und ganz in Grün gekleidet, vom Hut bis zu den Schuhen. Haar und Bart erinnern an Baumflechten. Der Name rührt von dem „Hoje, hojo" her, das sie rufen, wenn sie sich Menschen nähern. Sie zeigen sich oft, sogar am hellen Tag. Dabei suchen sie tanzend und Räder schlagend die Menschen zu necken und zu ängstigen. Sie springen dann ganz unvermutet hervor, schlagen Rad und hopsen auf Händen und Füßen laut ihr „Hojo, hoje" brüllend auf einen zu, womöglich gerade zwischen den Beinen durch. Und eh man sich's versieht – sind sie wieder weg.

Sie verbergen sich auch schon mal in der Nähe menschlicher Behausungen und weinen dort im Verborgenen so herzzerreißend, dass jeder, der es hört, selber furchtbar traurig wird. Geht aber jemand dem Weinen nach, wird er niemanden finden. Menschen, die nicht aus Neugierde dem Weinen nachgehen, sondern weil sie helfen möchten, finden auf dem Rückweg nicht selten etwas Nützliches, das auf dem Hinweg noch nicht da war. Das hat ihnen das Hojemännle zum Dank für das Mitleid in den Weg gelegt. Der Gegenstand, sei es ein Handwerksgerät, etwas (Grünes) zum Anziehen oder Ähnliches, ist mit einem Glückssegen behaftet und bringt Wohlstand für denjenigen, den das Hojemännle damit beschenkt hat.

60

Auf den Feldern, am liebsten in den Korn-, aber zuweilen auch in Flachsfeldern, treibt sich der **Kornbock**, auch **Kornmuhme** oder **Roggenwolf** genannt, herum. Man bekommt ihn nicht zu Gesicht, deshalb ist nicht klar, wie er aussieht und ob es sich bei den dreien wirklich um ein und dieselbe Gattung handelt. Das Verhalten ist jedenfalls immer das Gleiche. Obwohl man es bei den Namen gar nicht vermuten würde, sind sie gute Geister. Sie lassen das Korn reifen, locken den warmen Regen herbei und später die sanften Winde zur Befruchtung der Blüten. Kornräuber werden von ihnen bestraft, Kinder, die im Kornfeld spielen wollen, vertrieben. Man kann das Vorhandensein eines Kornbocks an den Wellen erkennen, die er im Korn verursacht, wenn er an den Halmen entlangläuft. Ein Korngeist verlässt niemals sein Feld, auch nicht, wenn abgeerntet wird. Er flieht dann vor den Sicheln der Schnitter durchs Korn und versteckt sich in der letzten Ähre. Fällt auch diese, muss er sterben. Kluge Bauern lassen deshalb die letzten Halme stehen. Sie dienen dem Kornbock den Winter über als Nahrung und stellen sicher, dass er auch nächstes Jahr wieder zur Stelle ist, um über das Feld zu wachen.

Ein Kornhüter besonderer Art ist der **Bilwis**, oder **Bilwiz**, denn er nimmt sich, sozusagen als Lohn für seinen Dienst ab und zu von dem reifenden Korn. Man erkennt das an etwaigen über Nacht entstandenen Zeilen oder Streifen umgelegten Korns im Feld – den berühmten Kornkreisen (von wegen Ufos). Seine Aufgabe, das Getreide zu hüten, nimmt er so ernst, dass er sich nicht darauf beschränkt, unachtsam näher Kommende zu erschrecken. Hält er jemanden für einen Korndieb, ob nun zu Recht oder Unrecht, schießt er ihm einen Pfeil in die Kniekehle. Der Getroffene bekommt dann heftiges Gliederreißen – einen Hexenschuss, wie man das heutzutage nennt. Seine Pfeile müssen sehr gefürchtet gewesen sein, denn man versuchte vielerorts, ihn milde zu stimmen, indem man ihm an einem Baum, der nahe am Acker stand – dem „Bilwizbaum" – allerlei Geschenke hinterließ. So stellte man Leckereien zwischen die Wurzeln und hing Kinderkleidung in die Zweige, denn der Bilwis galt als klein.

In Schottland verrichtet der **Urisk** den Getreidewachdienst und in Jugoslawien der **Catez**. Von diesen beiden ist bekannt, dass sie den Oberkörper eines Menschen und den Unterleib eines Ziegenbockes haben.

In Irland gibt es die **Cailleach Bera**. Sie fordert menschliche Schnitter zu Wetternten heraus, die sie immer gewinnt. Auch sie verbirgt sich, wenn das Korn geschnitten wird, in der letzten Ähre. Es war auch die Cailleach Bera, die die Menschen lehrte, Wintersaat auszubringen und welche Sorten dafür geeignet sind.

◀ Der Kornbock sorgt in seinem Feld, das er niemals verlässt, für volle Ähren. Kluge Bauern lassen deshalb während der Erntezeit immer ein paar Halme stehen, damit sich der Kornbock vor Sicheln und Mähdreschern in Sicherheit bringen kann.

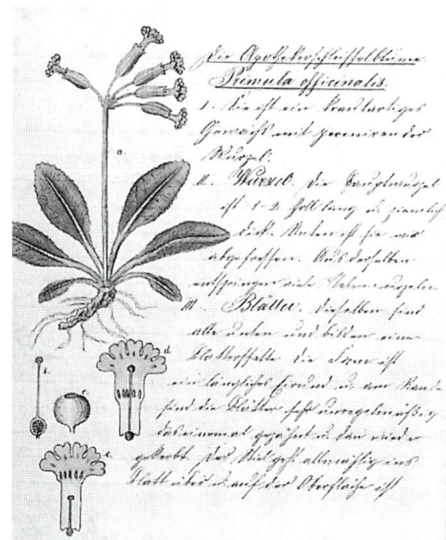

Pflanzenstudie aus dem Botanikheft
Ernst Kreidolfs (1878)

Kleine Pflanzenkunde

Dass es heilkräftige Pflanzen gibt wie die Kamille und giftige wie den Fingerhut, ist ja bekannt. Ich will hier auch gar kein Heilpflanzenbrevier erstellen, sondern nur einige Pflanzen aufführen, die gegen böse Einflüsse schützen, und außerdem darlegen, wie man den Geistern einiger Pflanzen begegnen muss, damit sich die erwartete Hilfe nicht ins Gegenteil verkehrt.

Holunder:
Dem Holunderbusch sollte man sich immer ehrerbietig nähern. Es gibt auch den Ratschlag, allein stehende Holunderbüsche, sonderlich die, die durch Größe und Schönheit auffallen, im Vorbeigehen höflich zu grüßen. Tee aus seinen Blüten wirkt fiebersenkend. Hatte ein Kind in alten Zeiten hohes Fieber, trachtete die Mutter, die Wirkung des Tees noch zu verstärken, indem sie Flachs und einen Kuchen vor den Holunderbusch niederlegte und folgendes Sprüchlein aufsagte:

> *Ihr Hollen und Hollinnen*
> *Hier bring ich Euch was zu spinnen,*
> *Und etwas zu essen.*
> *Tut meines Kindes nit vergessen.*

Knoblauch:
Dass der Knoblauch gegen Vampire hilft, ist allgemein bekannt. Das ist aber längst noch nicht alles. Schon bei den alten Babyloniern diente er als Medizinpflanze der Ärzte und als Zauberpflanze der Priester. Bei den ägyptischen Bauern wurde er gar als Gottheit verehrt und als Aphrodisiakum benutzt. Der Geruch wurde stets als Geister abschreckend empfunden und verhalf dem Knoblauch zu weit reichendem Ruhm als Zaubermittel nicht nur gegen Blutsauger sondern auch gegen Nereiden, Druden, Goblins, Dämonen, Teufel, Pestilenzen und den Bösen Blick. Besonders zum Schutz vor Männer verschlingenden erotischen Dämonen wurde er gern benutzt. In Schottland ist ein Zauber mit Knoblauchzehen bekannt, bei dem sich der Ausführende einen Wunsch erfüllen kann. In Spanien gab es früher den Brauch, mit Knoblauch einen unerwünschten Liebhaber loszuwerden. Dazu werden zwei Nadeln mit Knoblauch eingerieben und an einer Wegkreuzung versteckt. Sobald der Freier darübergeht, verliert er den Wunsch nach dem betreffenden Mädchen.

Wacholder:

Der Wacholder strotzt geradezu vor guter Eigenschaften. Ein Strauß seiner immergrünen Zweige über der Tür aufgehängt, hält böse Geister und Dämonen fern.

Räuchert man mit männlichem (der Wacholder ist zweihäusig, d. h. es gibt männliche Pflanzen und weibliche) Wacholder im Kuhstall zur Zeit des Neumondes, so nehmen die Kühe an Fleisch zu. Dagegen soll man das Vieh nie mit einer Wacholderrute schlagen, sonst magert es ab.

Während der **Raunächte** schützt Räuchern mit Wacholder gegen Hexen. Dasselbe Verfahren wurde auch gegen die Pest angewendet.

Der Genuss der Beeren soll gegen Ansteckungen jeder Art helfen.

Und der Schnaps aus Wacholderbeeren hilft natürlich besonders gut gegen die Kälte.

Will man Zweige oder Beeren des Wacholders pflücken, tut man gut daran, sich schon vorab bei den Kranawitt, die in diesem Wacholder leben, für diesen Frevel zu entschuldigen. Es ist zwar nicht so, dass sie einen gleich umbringen, wenn man es nicht tut, aber der Wacholder hat nun mal eine recht unangenehme Eigenschaft: Er kann ganz gemein stechen …

Johanniskraut:

Auch dieses an sich unscheinbare Kraut schützt gegen Einflüsse böser Geister. Es wird zu Kränzen geflochten und über die Tür gehängt. In Bayern steckt man es auch kreuzweise an die Fenster. Ein Tee aus Johanniskrautblättern hebt die Laune auch heute noch. Nur nennt man die bösen Einflüsse heutzutage Depression. In manchen Gegenden heißt das Kraut wegen seiner Wirksamkeit auch *Elfenblut*, in anderen *Hartna*. Setzt man sich auf eine solche Pflanze, wenn einen ein unirdischer Unhold verfolgt, so ist man gerettet. Das geschah der Sage nach einmal einem Mädchen in Thüringen, das ein Nöck verfolgte. Als es glücklich auf der Pflanze saß, rief er aus:

> *„Hartna, du verfluchtes Kraut*
> *Du hast mir entführt mei Braut!"*

Haselnuss:

Kein anderes Gewächs hat ein so facettenreiches Potenzial wie die Haselnuss, wenn es um Elfen und Magie geht. In der Walpurgisnacht pflegte man ihre Zweige über Tür und Fenster aufzuhängen – als Schutz gegen die Geister, natürlich.

Umgekehrt hat die Haselrute selbst Zauberkraft, wenn man weiß, wie man sie weckt. So soll man z. B. eine Haselrute an einem Karfreitag bei

Sonnenaufgang in drei Schnitten – der erste schräg von links nach unten, der zweite schräg von rechts nach unten, der dritte schnell quer hindurch – abtrennen. Dann kann man per Fernwirkung jemanden verprügeln. Allerdings muss man auch ein Kleidungsstück des Betroffenen in Besitz haben und den Hin- und Rückweg unberufen zurücklegen, d. h. es durfte einen niemand ansprechen.

Auch Wünschelruten schneidet man am besten aus einem Haselsstrauch. Am wirkungsvollsten sind sie, wenn man dies am ersten Mai vor Sonnenaufgang tut, wobei man auf dem Hin- und Rückweg kein Sterbenswörtchen sagen darf.

Mit diesen Ruten lassen sich Wasser, aber auch verborgene Schätze finden.

Eibe:

Es heißt, dass in der Eibe ein böser Geist wohne, deshalb sei sie giftig. In Wales wird der Baum auch mit einer in der Liebe zu einem Sterblichen enttäuschten Fee in Verbindung gebracht. Jedenfalls sollte man nie zu lange an einer Eibe verweilen und keinen ihrer Zweige über die Türschwelle tragen. Man brächte damit Zwietracht ins Haus. Dagegen helfen Eibenzweige, außen am Festerrahmen befestigt, böse Mächte fernzuhalten.

Schlüsselblume:

Die Schlüsselblume hatte diesen Namen schon in vorchristlicher Zeit, denn sie galt als Schlüssel, um verborgene Schätze zu heben. Sie musste dem Schatzsucher aber zu Füßen aufblühen, sonst half sie nichts. Die Legende, sie sei aus einem Himmelsschlüssel entstanden, den Petrus persönlich hatte fallen lassen, entstand erst später.

Blätter und Blüten wurden bei Menschen angewendet, die Kontakt mit Elfen hatten und davon „verwirrt" waren – z. B. nachdem sie mit Elfen getanzt hatten. Dazu wurden die Pflanzenteile zerrieben und löffelweise eingeflößt. Zusätzlich gab es auch noch Tee aus den Blüten. Da der Pflanze in der „profanen" Medizin durchaus Heilkraft bei Nervenschwäche, Zittern der Glieder, Schwindel und Lähmungen zugebilligt wird, und der Tee als schweißtreibend bekannt ist, waren solche Versuche vielleicht gar nicht so abwegig. Jedoch sollen sie nur bei „leichten" Fällen geholfen haben. Bessere Erfolge wurden wohl mit dem aus den Blüten gebrannten Schnaps erzielt – wahrscheinlich hat man den Betroffenen so lange mit dem Schnaps abgefüllt, bis ihm alle Elfen egal waren.

Die Heilkraft der Schlüsselblume ist vielseitig. So bringen z. B. zerriebene Blätter und Blüten der Pflanze Linderung bei geistiger Verwirrung nach Kontakt zu Elfen.

Die Schlüsselblume galt außerdem als gutes Futter für Schafe, Ziegen und Schweine. Auf keinen Fall aber durfte sie an Rinder verfüttert werden - weiß der Himmel warum. Für die Wurzeln hatte man übrigens auch Verwendung: Sie dienten zur Verbesserung des Biers. Ach ja, und noch etwas: Das Gesicht mit dem aus den Blumen gepressten Saft bestrichen, vertreibt die Runzeln in demselben. Leider gibt es heute kaum noch die Möglichkeit, das auszuprobieren, denn die Schlüsselblumen stehen fast überall unter Naturschutz.

Mistel:
Die Mistel galt als Allheilmittel schlechthin, weshalb sie früher in jedem Heiltrank zu finden war. Ihre Beeren wurden in Silber gefasst und als Abwehr gegen böse Geister um den Hals getragen. Übers Bett gehängt, halten Mistelzweige die Nachtmahre fern, die Alpträume verursachen. An einer Wiege befestigt, bewahren sie vor Wechselbälgern.

Die Mistel kann aber auch für Schadenszauber in Zaubertränken verwendet werden, weshalb sie in Tirol Drudenfuß heißt.

Haus und Hof

Küche, Werkstatt und Stall

Natürlich denkt man hier zuallererst an die Heinzelmännchen. Die gibt es aber in der allseits bekannten Form nur in der Literatur. Ein Zwergenvolk, das sich **Heinzelmännchen** nannte, existierte zwar, aber die wohnten auf dem Schloss zu Blankenheim in der Eifel und betätigten sich allenfalls als Babysitter für die Kinder des dort ansässigen Grafengeschlechts. Für die fleißigen Helfer aus dem Heinzelmännchen-Gedicht gibt es jedoch ein paar bemerkenswerte Vorbilder: Die je nach Aufenthaltsort und Tätigkeit voneinander unterschiedenen Hauskobolde.

Die direkten Vorbilder für die Heinzelmännchen aus dem berühmten Gedicht waren sicher die **Hütchen**, die **Hutkin** aus Hildesheim und der **Hinzelmann**, der auf Schloss Hudemühlen in der Nähe von Aller lebte. Sie alle sind meistens rothaarig und -bärtig, tragen rote Kappen oder hohe Hüte und sind wahre Schwerstarbeiter. Sie räumen das Haus auf, waschen das Geschirr ab und bei einem Handwerker, wie z. B. einem Schuster oder Schneider, been-

Anno 1836 widmete der Breslauer August Kopisch den Kölnern sein berühmtes Heinzelmännchen-Gedicht, dass damit endet, dass die Neugier des Schneiders Weib Frau des die emsigen Hausgeister für immer vertreibt.

den sie über Nacht angefangene Arbeiten. Daneben finden sie auch noch Zeit, die Zukunft vorherzusagen und gute Ratschläge zu erteilen. Ihr Lachen wirkt ansteckend. Sie wohnen am liebsten in den dunkelsten Winkeln des Hauses, hinter dem Herd, zwischen den Dachsparren, auf dem Speicher oder im Keller.

Ähnlich fleißige Helfer waren die **Schlätzlä** von Judenbach, einem Ort in Thüringen. Sie halfen unaufgefordert überall, wo es nottat. Die Kerlchen selbst waren recht dürftig bekleidet. Deshalb waren die Bauern übereingekommen, sie mit Hosen und bunten Jäckchen zu beschenken. Diese Geste der Dankbarkeit hat sie aber letzten Endes alle vertrieben. Denn die Schätzla fühlten sich entlohnt und abgefunden und zogen traurig von dannen.

In Bayern sind es vor allem die **Erdmännchen**, die den Menschen gerne zur Hand gehen. Sie sind etwa einen halben Meter groß, gekleidet in braune oder graue Wämser und Hosen mit Kappen in den gleichen Farben. Egal, welche Arbeit gerade getan werden muss, die Erdmännchen stürzen sich darauf und erledigen alles aufs Beste. Dabei wollen sie aber um keinen Preis beobachtet werden. Geschieht es dennoch, verlassen sie entweder auf Nimmerwiedersehen sofort das Haus oder sie fallen erst noch über den Lauscher her und verprügeln ihn aufs Heftigste, damit er nie wieder auf die Idee kommt, nach ihnen zu spähen.

Es gibt auch **Erdweibchen**. Das sind adrette, kleine Personen mit langem, schwarzem Haar, das sie offen oder in einem Zopf tragen. Sie verstehen sich hervorragend aufs Spinnen und Weben. Wo sie einkehren, tut man gut daran, immer einen Flachsstock auf dem Spinnrad stecken zu lassen, bevor man zu Bett geht. Am nächsten Morgen ist er dann zu den feinsten Fäden verarbeitet, gleichmäßig und weich wie Seide. Finden die Erdweibchen aber schlampig gesponnenes Garn, kann es geschehen, dass sie die nachlässige Spinnerin an ihrem Bett aufsuchen und ihr das Garnknäuel so heftig ins Gesicht werfen, dass ihr Hören und Sehen – und natürlich Schlafen vergeht.

Die **Erdluitle** sind eine schweizerische und norditalienische Koboldart. Gesellige Wesen sind sie, mit erdfarbener Haut und nicht größer als ein dreijähriges Kind. Für ihre Kittel bevorzugen sie die Farben grün, blau oder grau. Darüber tragen sie rote oder schwarze Kapuzenmäntel. Beides, sowohl Kittel als auch Mantel, sind ungewöhnlich lang, denn sie wollen auf keinen Fall, dass man ihre Füße sieht – verständlich, denn sie haben Entenfüße. Dank ihres Gespürs fürs Wetter verraten sie dem Bauern immer die richtige Zeit für Aussaat und Ernte. Sie kümmern sich auch um das Vieh, das unter ihrer Pflege prächtigst gedeiht.

Erdmännchen gehen den Menschen gerne zur Hand, doch wie die Heinzelmännchen wollen auch sie bei ihrer Arbeit auf keinen Fall beobachtet werden.

Der Brownie lebt in England, Schottland, Irland, auf den Orkney- und Shetland-Inseln und ist mit seinem bräunlichem Fell hervorragend an die Vegetation angepasst.

Nahe Hastenrath in der Eifel wohnten in einem inzwischen abgetragenen Kalkfelsen die **Killewittchen**. Sie kamen nachts, wenn alles schlief, nach Hastenrath und beendeten alle Arbeiten, mit denen die Menschen vor dem Schlafengehen nicht fertig geworden waren. Eines Nachts aber kamen sie nicht mehr. Was geschehen ist oder wohin sie gingen, weiß niemand.

Ausschließlich um Pferde kümmern sich die **Pöttermännchen** auf Poel. Das ist eine Insel in der Ostsee. „Ihre" Pferde pflegen die Männchen voller Hingabe und wehe dem Herrn, der ihnen da dreinreden möchte. Normalerweise sind sie unsichtbar, aber ein Knecht, der morgens einmal besonders früh aufgestanden war, konnte durch ein Astloch in der Stallwand ein Pöttermännchen beobachten, wie es die Pferde fütterte. Er sah einen kleinen Kerl in Kniehose und kurzer Jacke.

Ein Hausgeist, der es sich ausschließlich in Mühlen der Lausitz, des Vogtlandes und in der Uckermark bequem macht, ist der **Pumphut**. Er verfügt über Riesenkräfte und kann kräftig mit anpacken, was er, ohne zu ermüden, auch gerne tut. Auf der anderen Seite aber spielt er dem Müller so manchen Streich. So hat er seinen Müller einmal gefoppt, indem er die Mühlwelle verkürzte. Als dieser sie nämlich nach genauer Maßarbeit einsetzen wollte, schien sie plötzlich viel zu kurz. Der Müller ärgerte sich nicht wenig wegen der vielen Mühe, die er sich vermeintlich umsonst gemacht hatte. Da ertönte über ihm ein spöttisches Kichern und als er die Welle nochmals zur Hand nahm, passte sie haargenau.

Ein Schutzgeist, der in Schleswig-Holstein seine Heimat hat, ist **Niß Puk**, der aufmerksame Hauskobold. Besonders gut scheint es ihm auf Sylt zu gefallen. Dort hat jedes Haus, jeder Hof, jede Hütte ihren Niß Puk, und wehe dem Haus, das einen solchen entbehrt. Dort haben die Netze so weite Maschen, dass alle Fische durchschlüpfen, dort hat das Boot einen unsicheren Kiel und geht mit Mann und Maus zugrunde.

Niß facht das Feuer an und spricht den Segen über den Kessel, damit sein Inhalt sich verdreifacht. Er sorgt dafür, dass bei einem Unwetter kein Blitz Haus und Scheune trifft. Als Dank will er lediglich jeden Tag eine Schüssel Grütze mit einem Klumpen Butter vorgesetzt bekommen.

Niß Puks übergroße Augen scheinen überall zu sein und alles zu sehen. Tut jemand in „seiner" Familie unrecht, zankt ihn Niß Puk unerbittlich aus, um ihn wieder auf den rechten Weg zu bringen. Jemand, der etwas zu verbergen hat, kann da schon mal bestrebt sein, seinen Hausgeist loszuwerden. Da hilft dann eigentlich nur umziehen. Aber gibt man nicht höllisch Acht, zieht der Niß mit – auf dem Besenstiel reitend.

Brownies sind fleißige und gesellige Hausgeister, die sich besonders gut aufs Geschichten erzählen verstehen.

Eine ganz besondere Art von Helfer ist der **Brownie**. Die Brownies, auch Bucca, oder Bwiocd genannt, leben in Schottland, Nordengland, Cornwall, auf den Orkney- und Shetland-Inseln und sogar in Irland. Ihr Körper ist mit einem bräunlichen Fell bedeckt, das farblich an die Vegetation der Glens und der Moore erinnert. Ihre Augen wirken wie tiefe Bergseen. Gerüchte, sie hätten keine Nasen, wurden vermutlich von Menschen ausgestreut, die ihnen übel mitspielen wollten (wahrscheinlich weil sich gerade bei ihnen kein Brownie niedergelassen hat). Sie sind die Freunde der Träumer und der Dichter, denn das Erzählen von Geschichten hat bei Ihnen eine lange

Tradition. Ursprünglich haben sie den einsamen Menschen an langen Winterabenden am Lagerfeuer mit ihren Geschichten und Liedern geholfen, sich gegen die Kälte, den Wind und die Trostlosigkeit zu wappnen.

Am wohlsten fühlen sie sich in Bibliotheken – denn sie lieben den Duft von altem Papier – und in den Schreibtischschubladen von Schriftstellern. Und nicht nur Robert Louis Stevenson, dem Autor der *Schatzinsel* haben sie viele Geschichten verraten.

Neben Bibliotheken waren früher Kornmühlen ihr bevorzugter Aufenthaltsort. Dort erdachten sie auch einen Weg, zusammen mit klarem Wasser, Gerste, Malz und dem Rauch eines Torf- oder Seegrasfeuers, ihren Legenden eine flüssige Form zu verleihen. Und so wurde der Whisky erfunden.

Haben sie mit einem Menschen Freundschaft geschlossen, helfen sie gerne und fleißig bei der Arbeit in dessen Haus und Hof. Allerdings sind sie dabei manchmal ein wenig übereifrig und hin und wieder geht etwas zu Bruch. Trotzdem sollte man sich davor hüten, sie zu kritisieren – oder gar an ihrer Arbeit herumzunörgeln. Ein Brownie versteht da keinen Spaß und seine Rache folgt auf dem Fuß, etwa in Form von – diesmal absichtlich – zerschmissenem Geschirr. Meistens ist man den kleinen Kerl obendrein auch noch für immer los und sieht ihn nie wieder – und all die schönen Geschichten gehen mit ihm. Und dann ist da noch eine Sache, mit der man Brownies auf Dauer vertreibt: Wenn man ihnen Kleidung anbietet! Das verärgert, ja beleidigt jeden Brownie, denn auf sein Fell ist er besonders stolz.

Die **Tomtrå** (Einzahl: Tomte) sind Hausgeister aus Schweden und zu jeder Arbeit zu gebrauchen, ob es nun gilt, für die Pferde und Rinder zu sorgen oder für das Haus. Haben sie sich einen Herren gewählt, sind sie ihm treu ergeben. Das geht sogar so weit, dass sie Heu, Milch, Getreide oder gar Geld für ihn stehlen und das Haus gegen diebische Geister – etwa einen Tomte von einem anderen Hof – verteidigen. Ein Tomte ist immer zu Späßen aufgelegt und oft müssen seine Menschen dafür herhalten, da steckt dann z. B. die Gabel der Magd im Heu fest oder der Sohn des Hauses wird von unsichtbarer Hand gekniffen.

Zusammen mit ihresgleichen treffen die Tomtrå sich gern zu Musik und Tanz. Am meisten Spaß macht ihnen das, wenn Seen und Flüsse zugefroren sind. Dann gleiten sie bei Vollmond lachend über das Eis.

Verwandte der Tomtrå sind die **Nisse**, die in Dänemark und Norwegen zu Hause sind. Die Verwandtschaft ist so eng, dass der Nis sogar die gleiche Kleidung wie der Tomte trägt, nämlich Holzpantinen, rote Strümpfe, kurze Kniehosen und grüne oder graue Jacken.

Man findet sie auch in Norddeutschland. Dort heißen sie **Nisken**.

Den norwegischen Nissen hält man bei Laune, indem man ihm einmal in der Woche und an Weihnachten ein Mahl serviert.

Als der wichtigste slawische Hausgeist gilt der **Domovoy**. Solange die Domoviye gut behandelt werden, läuft der ganze Haushalt reibungslos. Im Gegensatz zu den bisher genannten Hausgeistern, die sich an Familien ange-schlossen haben und sogar bei Umzügen mitumziehen, bleibt der Domvoy immer in demselben Haus. Will man ihn doch mitnehmen, hilft nur ein sehr umständliches Verfahren: Dazu muss man nämlich Glut aus dem alten Herd in den neuen tragen und den Domovoy beim Verlassen des alten und beim Betreten des neuen Hauses ausdrücklich einladen mitzukommen. Natürlich darf die Glut nicht erlöschen, egal, wie weit der Weg ist, man muss also sehr achtsam sein. Aber bei einem derart rührigen Helfer ist es die Mühe schon wert.

Umgangsformen

Einen Hausgeist richtig zu behandeln ist eine Wissenschaft für sich. Sie sind da fast so zickig wie so mancher Popstar heutzutage.

In der Regel ist es ratsam, dem Geist nicht bei der Arbeit zuzusehen. Manchen macht das zwar nichts aus, aber erpicht darauf ist auch keiner. Also besser lassen!

Darüber hinaus aber gibt es keine Verhaltensregeln, mit denen man immer auf der sicheren Seite ist. Tut man aber das Falsche, kann der Hausgeist ziemlich ungemütlich werden.

In der Regel sollte man ihnen keine Kleider schenken, denn das verrät einerseits, dass man den Geistern eben doch beim Arbeiten zugesehen hat (wie sollte man sonst wissen, dass sie Kleider nötig haben?). Andererseits wird es auch als eine Art Lohnauszahlung und damit Kündigung angesehen. Die beschenkten Hausgeister gehen dann weinend und klagend (mit der neuen Kleidung) auf Nimmerwiedersehen davon. Die Gefahr, dass sich ein Geist in der neuen Kleidung zu fein zum Arbeiten ist, gibt es natürlich auch. Der verschwindet dann auch, allerdings nicht klagend, sondern singend.

Es gibt auch Hausgeister, die mögen es lediglich nicht, wenn man ihnen Schuhe schenkt. Die Erdmännchen Niederbayerns dagegen erwarten sogar eine Belohnung in Form von Kleidern – aber wehe, es ist ein rotes Stück darunter.

Hausgeister haben nichts gegen Nahrung – aber Vorsicht, manche haben etwas gegen Kümmel im Brot beziehungsweise in Speisen überhaupt!

Ein Tomte will pünktlich um 10 Uhr abends sein Essen serviert bekommen. Bevorzugt werden weiße Speisen – also Milch, weißes Brot etc. Brownies möchten ein Schälchen Rahm, andere nehmen sich von frisch Gekochtem ein kleines bisschen oder sie erwarten, dass man ihnen die Reste über Nacht auf dem Tisch stehen lässt. Und der berüchtigte Weihnachtsbrei ist zumindest in Skandinavien ein guter Tipp, um den

Die meisten Hausgeister bevorzugen weiße Speisen wie Milch, Rahm, Butter oder auch weißes Brot.

Hausgeist bei Laune zu halten. Aber auf keinen Fall den Klecks Butter vergessen – am besten oben drauf.

Es gab mal einen Nis, der fand seinen Brei ohne Butter und brach vor Zorn einer Kuh das Genick. Der Wutausbruch hatte ihn hungrig gemacht, sodass er doch wieder von dem Brei aß – da fand er das Stück Butter auf dem Grund seiner Schale. Er hatte dann ein sehr schlechtes Gewissen. Aber die Kuh wurde davon natürlich nicht mehr lebendig.

Die Hütchen fordern nur einmal in der Woche und an Feiertagen eine Mahlzeit.

In Schlesien gab es dafür Hausgeister, die wollten es haben, dass man ihnen Punkt 9 Uhr abends eine volle Ähre Korn in den Stall trug und höflich übergab.

Auch die Variante gibt es, dass von jeder Suppe, sobald sie fertig ist, ein Schälchen hinter den Herd gegossen werden muss.

Andere legen vor allem Wert darauf, dass der Wasserhahn tropft, damit sie trinken können, oder dass ein Topf warmes Wasser auf dem Herd steht, weil sie sich darin waschen wollen.

Kurz, bis man erst einmal heraus hat, wie man seinen Hausgeist richtig behandeln muss, ist der wahrscheinlich schon längst beleidigt ausgezogen.

Greifswald an der Ostsee kann sich einer besonderen Art von **Erdgeistern** rühmen, die nur in dieser Stadt wohnen. Sie tragen rote Hosen und treiben sich des Nachts gern auf Speichern herum, wo sie mitunter tüchtig Krach schlagen, sodass die Hausbewohner kein Auge zutun. Lässt man sie gewähren, wird ihnen das aber schnell zu langweilig und sie gehen wieder.

Abgesehen davon haben sie ein Auge darauf, dass das Personal auch gut behandelt wird. Ist dies nämlich nicht der Fall, greifen sie zu etwas ungewöhnlichen Maßnahmen, um das zu unterbinden: Eine von ihrem Herrn rüde behandelte Magd z. B. kann dann schon mal mitten in der Nacht durch einen Lichtschein geweckt werden, als ginge bereits die Sonne auf. Sieht sie dann, dass im Garten ein Kohlenfeuer brennt, heißt es schnell sein, flugs eine Schaufel geholt und von den Kohlen in den Küchenherd getragen. Dreimal darf die Magd höchstens gehen, beim vierten Mal wird ihr wegen ihrer Gier der Hals umgedreht. Zügelt sie aber ihre Habsucht, werden sich die Kohlen bis zum Morgen in blanke Taler verwandelt haben und die Magd kann den Dienst quittieren.

Die Mägde in Grafenort in Schlesien hatten auch Helfer, die sie ins Herz geschlossen hatten: Die **Haarwichtelmännchen**. Diese kamen, während die Mägde noch schliefen, wuschen und kämmten deren lang über das Bett herabfallendes Haar und flochten es zu Zöpfen. Einmal erwachte eines der Mädchen gerade, als so ein kleiner Mann sich mit goldenem Kamm an seinen Haaren zu schaffen machte. Es packte ihn kurzerhand und zog ihn zu sich auf das Bett, um sich mit einem Kuss zu bedanken. Vergeblich wehrte sich der Kleine und flehte: „Nicht danken!" Sie ließ ihn erst wieder los, nachdem sie ihm einen dicken Schmatz auf die Wange gedrückt hatte.

Ab diesem Tag blieben die Haarwichtel der Stadt fern. Da das bedeutete,

Hausgeister nehmen ihre Arbeit sehr ernst, nichtsdestotrotz sind häufig zu derben Streichen aufgelegt.

74

dass die Mägde nun wieder eine Stunde früher aufstehen mussten – damals dauerte es so lange, das Haar in Ordnung zu bringen – waren alle über das vorwitzige Mädchen sehr aufgebracht. Es half nichts. Die Wichtel kehrten nie wieder zurück.

Wer in Thüringen einen **Unk** bei sich wohnen hat, darf nicht damit rechnen, dass ihm der bei der Hausarbeit oder bei irgendeiner anderen Verrichtung hilft. So etwas tut ein Unk nicht. Eigentlich tut er überhaupt nichts. Nur manchmal, wenn ihn der Ehrgeiz packt, flicht er über Nacht haufenweise Zöpfe in Schwänze und Mähnen der Pferde oder jedem greifbaren Haustier, bei dem das irgend möglich ist. Und dabei ist er ein wahrer Meister, selbst bei kurzem Fell. Die Zöpfe wieder auszukämmen bedeutet oft stundenlange Arbeit für den Menschen. Die Haare selber wieder zu entwirren, davon hält der Unk nämlich gar nichts. Trotzdem freut sich jeder, wenn ein Unk bei ihm einzieht. Der Unk bringt nämlich Glück. In einem Haus, in dem ein Unk lebt, wird alles gelingen und alles gedeihen. Und wer entwirrt da nicht gerne ab und zu die Haare seines Haustiers?

Ein Hausgeist von extrem zweifelhafter Art ist **Robin Goodfellow** aus England. Früher muss er einmal so hilfreich und gut wie die Brownies gewesen sein. Aber irgendwann fand er wohl, dass Streiche spielen mehr Spaß macht als harte Arbeit. Und jetzt weiß man nie so recht, woran man bei ihm ist. Es kann sein, dass er über Nacht liegen gebliebene Arbeiten erledigt. Es kann aber auch sein, dass er lieber das ganze Haus, oder wenigstens ein Zimmer, in Unordnung bringt. In beiden Fällen geht er sehr gewissenhaft vor, sodass Arbeit oder Chaos, je nachdem, wofür er sich entscheidet, gleichermaßen perfekt sind. Robin Goodfellow gilt neben den Púka als eines der Vorbilder des Puck aus Shakespears Sommernachtstraum.

In Frankreich gibt es die **Lutiner**, die helfende Geister sein können – es aber oft doch nicht sind. Dafür sind sie viel zu launenhaft. Sie haben Spaß daran, den Pferden die Mähnen zu verwirren oder die ganze Nacht auf ihnen zu reiten, sodass die Tiere morgens schweißbedeckt im Stall stehen. Nur ihr Lieblingspferd wird von ihnen mit aller Sorgfalt gehegt. Kindern gegenüber sind sie immer freundlich und die wiederum haben natürlich eine Menge Spaß an den Streichen, die diese Geister sich ausdenken. Lutiner können sich unsichtbar machen oder in vielerlei Gestalt erscheinen, als kleiner Junge, als kleiner Mönch oder gar als Riesenspinne.

Das Gegenstück zum Lutiner ist der **Goblin**. Man findet ihn in ganz Europa, wobei sein Name interessanterweise nur wenig variiert: **Gobblin**, **Gobling**, **Goblyn** usw.

Johann Heinrich Füssli (1741-1825),
Der Nachtmahr (1782).

Er ist ein kleiner Kobold, nicht größer als kniehoch, der ein wenig wie ein Teufelchen aussieht, allerdings ganz in Grau. Er hat eine Schwäche dafür, sich als Poltergeist zu betätigen. Zu Kindern ist er nett und den braven unter ihnen macht er sogar kleine Geschenke. Für die Erwachsenen aber wird er oft zu einer wahren Plage. Über Nacht wirft er in der Küche alles durcheinander, Möbel um oder verwüstet die Werkstatt. Es gibt nur ein Mittel, ihn loszuwerden: Bevor man zu Bett geht, muss man über den ganzen Boden Flachssamen ausstreuen. Wenn dann der Goblin kommt, um neues Unheil anzurichten, ist er gezwungen, erst einmal jedes einzelne Samenkorn aufzulesen. Damit hat er aber hoffentlich so lange zu tun, dass er bis zum Morgengrauen nicht fertig wird und sich wieder schleicht. Wiederholt man das ein paar Nächte lang, wird es ihm zu dumm werden und er kommt nicht mehr.

Nicht zu verwechseln mit dem Goblin ist der **Hobgoblin**. Er wird als kleiner, sehr hässlicher Elf beschrieben und auch wenn die englischen Puritaner ihn unbedingt schlecht machen wollten, er besitzt ein gutes Herz. Gewöhnlich ist er Menschen freundlich gesinnt und hilft ihnen gerne – ähnlich dem Brownie. Aber obwohl der Hobgoblin nicht so bösartig ist wie der Goblin, kann man ihn doch leicht beleidigen, besonders, wenn man sich über sein Aussehen lustig macht. Und dann kann er dem Beleidiger boshafte Streiche spielen.

In Nordfrankreich gibt es übrigens einen Hausgeist, der auf die Bezeichnung **Gobelin** hört. Er sieht auch so aus wie ein Goblin, hat aber den Charakter eines Hobgoblins. Also nicht verwechseln!

Nicht direkt ein Hausgeist, aber doch recht hilfreich ist der **Schab**, ein eigenartiges Wesen, das es nur in Österreich gibt. Man weiß nicht viel von ihm, außer dass er als brennendes Strohbündel oder als glühender Besen durch die Lüfte fliegt und durch den Kamin in Häuser eindringen kann, in die er dann großen Reichtum bringt. Nach welchen Kriterien er die Häuser auswählt, woher der Reichtum stammt und was der Schab selber davon hat, konnte jedoch noch keiner ergründen.

Richtig unerwünschte Gäste im Haus sind die **Nachtmahre**. Sie setzen sich Schlafenden auf die Brust und drücken ihnen die Luft ab. Die Folge davon sind die schrecklichsten Alpträume. In Bayern nennt man sie **Druden**, in Frankreich **Le Rudge-Pula**, in Russland **Mora**. Und auch wenn man einen zu fassen bekommt, hält man nur einen Strohhalm oder eine Feder in der Hand.

Als Schutz soll es helfen, die Schuhe verkehrt herum vors Bett zu stellen, denn der Nachtmahr muss sich die Schuhe seines Opfers überziehen, bevor er es „drücken" darf. Auch ein Ginsterzweig oder ein Messer unter dem Kissen sollen schützen. Es soll sogar manchmal helfen, eine einzelne Socke unter dem Bett liegen zu lassen. Wahrscheinlich sucht der Mahr dann zwanghaft nach der zweiten.

Kinderzimmer

Das Kinderzimmer eines Hauses ist ein Ort, wo man sich ganz besonders vor Geistern und schädlichen Einflüssen vorsehen muss. Das beginnt schon bei der Geburt eines Kindes, denn wenn man nicht darauf achtet, kann es ganz schnell durch einen **Wechselbalg** ausgetauscht werden und statt des eigenen

Viele Elfenvölker rauben Kinder und ersetzen diese durch ein Wesen ihrer eigenen Art.

Neugeborenen hat man dann ein hässliches Wesen in der Wiege liegen, das dauernd plärrt. Es empfiehlt sich, ein Hufeisen an die Wiege zu hängen, denn kein Naturgeist mag Eisen. Man kann auch eine Schere verwenden, wobei man als zusätzlichen Schutz die offenen Schneiden zur Tür kehrt, damit Kindsdiebe sich daran verletzen.

Es gibt viele Elfenvölker, die schöne Kinder stehlen und durch ein Wesen ihrer eigenen Art ersetzen. Die Gründe dafür liegen im Dunkeln. Mal heißt es, sie könnten schönen Kindern nicht widerstehen, weil alles Schöne sie anziehe, dann wird behauptet, die Kinder sollten bei dem jeweiligen Volk großgezogen werden, um dessen Blut aufzufrischen. Auch die These gibt es, dass nur Elfenkinder, die nicht gedeihen wollen, ausgetauscht werden. Die menschliche Muttermilch kräftigt diese Kinder, anscheinend ist sie gesünder als die elfische. Für Letzteres spricht, dass auch schon mal sterbliche Frauen als Ammen entführt werden, um die Kinder der Elfen zu stillen.

Wie auch immer, ist das Unglück erst einmal geschehen, helfen nur noch drastische Maßnahmen. So muss man das Kind auf die Ofenschaufel legen und mit dem Ruf „Ich schmeiß dich ins Feuer!" weit ausholen, um das Gesagte wahr zu machen. Dann kommt unweigerlich die Elfenmutter, legt das gestohlene Kind zurück und nimmt ihr eigenes. Dasselbe geschieht, wenn man das untergeschobene Kind tüchtig auspeitscht. In beiden Fällen aber muss strenges Stillschweigen gewahrt werden, wenn die unirdische Mutter hereinkommt. Keinesfalls darf man schimpfen oder sie zur Rede stellen, sie würde nur mit einem so wirksamen wie unangenehmen Fluch antworten.

Anders verhält es sich, wenn man einen **Kielkropf** in die Wiege gelegt bekommt. Dabei handelt es sich nicht um Kinder von Geistern, sondern um uralte Wesen, runzelig und mit miserabler Laune. Dazu haben sie auch noch einen schier unstillbaren Appetit.

In diesem Fall kann nur List helfen. Man muss den Kielkropf dazu bringen, sein Alter zu sagen oder wenigstens laut zu lachen. Eine ganz sichere Methode ist es, ihn in Erstaunen zu versetzen, indem man so tut, als braue man Bier – oder koche Essen – in einer Eierschale. Dann ruft er unweigerlich: „Jetzt bin ich seit 300 Jahren auf der Welt und hab so was noch nicht gesehen!", und muss auf der Stelle verschwinden. Wie durch ein Wunder liegt dann das echte Kind wieder in seinem Bettchen und schläft friedlich.

Eine dritte Variante ist das Zurücklassen eines **Ersetzlings**, eines Stück Holzes, das durch Zauber und Blendwerk wie das gestohlene Kind aussieht. Vor den Augen der Eltern wird das Kind kränkeln, dahinsiechen und schließlich sterben. Diesen Austausch zu durchschauen ist nicht einfach, denn das Holzstück gleicht dem Kind scheinbar aufs Haar. Die Sache wurde auch nur ruchbar, weil der Trick auch benutzt wird, um Erwachsene zu entführen – als Bräute, Ammen, oder einfach als Diener. Und einmal gelang es einer auf diese Art entführten Dame zu fliehen und den Weg nach Hause zu finden. Sie kam gerade an, als ihr Sarg in die Erde gelassen werden sollte. Als man den Sargdeckel abnahm, fand man darin nur einen knorrigen Ast.

Selbst wenn man durchschaut hat, dass die Elfen das eigene Kind durch einen Ersetzling ausgetauscht haben, bringt das das Kind noch nicht zurück. Es bleibt dann nichts anderes übrig, als loszuziehen und das Kind persönlich aus der Anderwelt zurückzuholen. Das ist nicht so einfach und birgt mancherlei Gefahr, wie wir später noch sehen werden.

Ist das Kind erst einmal den Windeln entwachsen, bedeutet das noch lange nicht, dass nun alle Gefahren vorüber sind. Der **Schwarze Mann** ist nämlich kein Hirngespinst! Nur ist er in der Regel kein Mann – sondern ein kleines Wesen, ein sehr kleines Wesen, wenn auch keiner so recht weiß wie klein. Es hat nämlich die Fähigkeit, sich aufzublasen und so zu enormer Größe anzuwachsen. Der Schwarze Mann gehört zu den **Boggelmännern**, oder, wie sie bei den Briten heißen, den **Bogie Beasts**, auch **Bogies** oder **Nursery Bogies**

Ein einfaches Stück Holz wird durch Blendwerk und Zauber zum Ersetzling, der dann dem gestohlenem Kind ähnelt und an dessen Stelle zurückgelassen wird.

genannt. In Frankreich ruft man sie **Bibittes**. All diese Wesen sind kleine, schwarze, haarige Kreaturen, deren Stolz es anscheinend ist, so schrecklich wie möglich auszusehen. Ihre Kleidung ist sehr Fantasievoll – um nicht zu sagen alptraumhaft.

Man kann sie in drei Arten einteilen:

Es gibt Boggelmänner, die sich nur im Kinderzimmer selbst aufhalten, vorzugsweise im Schrank oder unter dem Bett, oder aber in finsteren Ecken überall im Haus, im Keller oder auf dem Speicher.

Tom Poker ist einer von ihnen. Er schleicht sich an die Kinder heran und berührt ihre Haut mit seinen kalten Fingern, damit sie eine Gänsehaut bekommen.

Clap Kans ist ein anderer – er macht gerne Krach in der Nacht.

Tom Dochin ist gar ein Kinderfresser – zumindest flüstert er das den Kindern in der Nacht gerne ins Ohr, wenn sie gerade einschlafen wollen.

Der **Butzemann** tanzt des Nachts durchs Haus, um die Kinder zu erschrecken. Dabei gibt er sich alle Mühe, wie eine schwarze Vogelscheuche auszusehen.

Der **Buhmann** versteckt sich nur tagsüber innerhalb des Hauses. Nachts schleicht er sich hinaus, läuft mit einer großen Rute um das Haus herum und steckt alle Kinder in einen Sack, die bei Dunkelheit noch draußen sind.

Die zweite Gruppe sind die, die sich in Haus und Garten aufhalten und die Kinder dazu verführen wollen, unreifes Obst zu essen und sich damit den Magen zu verderben. **Awd Goggie** ist so einer, der es besonders gern mit grünen Äpfeln versucht. Aber auch **Churnmilk Peg** oder **Clim** gehören zu dieser Sorte.

Die Dritten lauern eigentlich außerhalb des Hauses bzw. des elterlichen Grundstücks. **Peg Powler** z. B., die Kinder gern in tiefes Wasser lockt, oder **Grindylow**, der sie verführt, zu weit vom Haus wegzulaufen, damit sie sich verirren.

Sie alle leben davon, dass Erwachsene ihren Kindern mit ihnen drohen. Das scheint ihre Art von Nahrung zu sein. Je mehr man mit ihnen droht, desto größer werden sie. Richtig gefährlich aber können sie den Kindern nicht werden, höchstens den unartigen, die nicht auf die Warnungen achten wollen.

Aber Angst können sie jedem Kind einjagen. Lieben Kindern sollte man daher unbedingt sagen, dass es auch Geister wie **Blind Billy** gibt. Der ist ein guter Geist, der den Kindern hilft, oder die **Urluthes**, die gern in Bibliotheken hausen und die Kinder zum Lesen einladen. In jedem gelesenen Buch hinterlässt der Urluth ein unsichtbares Zeichen. Wenn man dann als Erwachsener so ein Buch wieder aufschlägt, werden die Kindheitserinnerungen, die an diesem Zeichen haften, sofort wieder wach und steigen zum und im Leser auf.

Wasser

In Flüssen und Seen

Jedes Gewässer hat seine Nixe und/oder seinen Nöck, die dafür sorgen, dass das Wasser lebendig bleibt, dass Fische, Krebse und Pflanzen darin leben können.

Nixen gelten im Allgemeinen als wunderschöne Frauen, mit langem blonden oder grünen Haar und mal mit, mal ohne Fischschwanz. Ihr Verhalten zum Menschen ist so facettenreich wie unvorhersehbar. Mal verraten sie, wie das Wetter wird oder welches Kraut gegen eine bestimmte Krankheit hilft. Letzteres besonders dann, wenn es gilt, eine Jungfrau zu retten. Dann wieder werden sie zu Verführerinnen, die darauf aus sind, Sterbliche, vor allem junge Männer, in ihr Wasser zu locken. Gerne besuchen sie auch die Märkte und Feste der Menschen, wobei man sie daran erkennen kann, dass ihr Kleid einen feuchten Saum hat.

Wenn sie ein Kind erwarten, greifen sie mit Vorliebe auf menschliche Hebammen zurück, die sie dann reich entlohnen – was sich aber oft erst bei Sonnenaufgang zeigt, wenn Sand und Muscheln, die als Lohn gereicht wurden, zu Gold werden.

Die **Nöcke**, die Wassermänner, gelten dagegen, abgesehen von einigen Ausnahmen, durchwegs als missliebig. Ein paar von ihnen sind blendend schön. Die Mehrzahl aber ist wohl eher das Gegenteil: Stämmig, mit zotteligem Haar und grünen Zähnen. Einen Fischschwanz haben sie so gut wie nie. Jeder Wassermann scheint dem gleichen Hobby zu frönen: Seelen in Töpfen oder Tiegeln zu sammeln. Eine Beschäftigung, die ihnen bei den Menschen wenig Freunde einbringt. Nöcke locken jeden gern ins Wasser, ob Mann, Weib oder Kind und manche sollen sogar die Fähigkeit haben, ihr Opfer über weite Strecken hinweg zu sich zu rufen. Diese Menschen zieht es dann unweigerlich zum Wasser. Hindert man sie mit Gewalt daran, kann es passieren, dass sie der Schlag trifft, sobald sie einen Schluck Wasser trinken, und die Seele gehört dann doch dem Nöck.

Nöcke sind stämmig, haben zotteliges Haar und grüne Zähne. Sie gelten als überaus missliebig. Zu ihrer Hauptbeschäftigung zählt das Sammeln von Seelen in Töpfen und Tiegeln.

Es ist unmöglich, alle **Wasserweiblein**, **Wasserjungfern**, **Brunnenmütter**, **Wassermuhmen**, **Nickert**, **Nekker**, **Weiher- und Brückenmänner** oder **Topielec** aufzuzählen. Es gibt aber ein paar, die unter der ganzen Masse besonders auffallen.

Nixen locken zuweilen am Ufer spielende Kinder oder Jünglinge mit ihren schimmernden Schätzen in ihr Reich.

In der Donau herrscht der **Donaufürst**. Er schwimmt die Donau auf und ab auf der Suche nach Edelsteinen, die seiner Krone fehlen. Einst hatte er eine Fischertochter umworben, die sich aber an seinen hervorquellenden Fischaugen störte.

Ihr Vater hatte dem Fürst mit dem Ruder einen Hieb erteilt, wobei einige Steine aus der kunstvollen Krone herausbrachen.

Unterhalb Wiens steht sein gläsernes Schloss, in dem er mit seinem Weib und seinen Töchtern wohnt. Diese Töchter nennt man **Donauweibchen**. Man kann manchmal sehen, wie so ein Donauweibchen auf den Wellen schaukelt. Sein goldblondes Haar fällt in dichten Wellen bis zu den Hüften, mit einem Kranz von grünem Schilf oder Gewinden von bunten Uferblumen geschmückt. Sonst ist es nackt bis auf einen weiteren Kranz aus Schilf und Binsen, den es um die Hüften geschlungen trägt. Man will es aber auch schon in reichen, flimmernden Gewändern gesehen haben. So ein Donauweibchen ist bald wohltätig, bald böse. Spielende Kinder am Ufer lockt diese Nixe zuweilen durch glitzernde Fischlein oder gold- und silberschimmerndes Spielzeug ins Wasser und zieht sie mit sich auf den Grund der Donau. Manchmal erscheint sie auch beim Tanz der Dorfleute, vorzugsweise im Freien und im Mondschein, gesellt sich zu den Tänzern und verschwindet wieder, sobald ihre feuchten Haare zu tropfen beginnen. Sie ist so lieblich, dass sie manchem Burschen zum Verderben wurde. Der findet keine Ruhe mehr – Sehnsucht und Schwermut bemächtigen sich seiner und er sitzt nur noch am Donauufer und starrt in die Tiefe – in der er dann eines Tages auf immer verschwindet.

Die **Saalenixe** ist auch eine Verführerin, aber wesentlich harmloser. Sie sitzt gerne am Ufer und geht einer für Nixen eher ungewöhnlichen Beschäftigung nach: Sie angelt kleine Fische. Und bei schmucken Burschen, die des Weges kommen, angelt sie nach dem Herz. Sind die dann so richtig verliebt in sie, schenkt sie ihnen ein Lächeln – und taucht unter.

An warmen Sommertagen kann ein Spaziergänger in den Münchner Isarauen zwischen Harlaching und Thalkirchen manchmal einen eigenartigen Lockruf vernehmen: „Tutli - i - i, Tutli - i - i!" Das ist der Ruf der **Isarnixe**, des verwunschenen Burgfräuleins von Grünwald. 1487 trieb es mutwillig einen Jüngling in den Tod. Die Maid verlangte nämlich von ihm, dass er ihr Geschmeide, das sie an der reißendsten Stelle der Isar ins Wasser geworfen hatte, wieder herausfischte. Vor Liebe blind stürzte er in die Fluten – und ertrank. Das Fräulein wurde zur Strafe in eine Nixe verwandelt – mit Fischschwanz, vermutlich damit sie nicht fliehen kann – und muss nun in der finsteren Nixenhöhle bei Großhesselohe leben, zusammen mit ihrem Gemahl, dem Wassermann, einem übellaunigen Burschen, der kein gutes Wort für sie hat. Wahrscheinlich aus Wut, oder einfach weil es ihr im Blut liegt, versucht sie auch jetzt noch, Menschen ins Wasser zu ziehen und zu ertränken, was ihr früher bei den Flößern auch oft genug gelang.

Die **Loreley** mit ihrem zauberhaften Gesang war früher eine Fischertochter. Als die von einem Grafen in der Liebe betrogen worden und sich deshalb in den Rhein stürzen wollte, bot ihr der **Rheinnöck** an, sie mit Zaubermacht und Schönheit auszustatten, wenn sie dafür Schiffer ins Verderben locken wolle, deren Seelen er gut für seine Sammlung brauchen könne. Loreley mit ihrem Zorn auf die Männerwelt willigte ein. Der Rest ist bekannt. Ihre Geschichte wird in zahlreichen Varianten über mehrere namenlose Fischertöchter im Volksmund erzählt. Den Namen bekam sie erst durch Clemens Brentano, der die verschiedenen Erzählungen zu seinem berühmten Werk einte. Diese Fassung ging dann wieder in die Volkserzählung ein. Und so schließt sich der Kreis.

Die Loreley auf ihrem Felsen am Rheinufer.

Die **schöne Lau** errang durch Mörikes Erzählung Berühmtheit. Aber dass es eine Nixe im Blautopf gab, das wusste man schon vorher. Ein Blick auf diesen fast kreisrunden See in seinem leuchtenden Blau genügt, um zu wissen: Wenn es Nixen gibt, dann muss eine davon hier leben. Wie viel von der Handlung Volkssage, wie viel Dichtung Mörikes ist, kann heute niemand mehr entscheiden. Jedenfalls sollen die Nixen, die der Lau dienten und vielleicht auch schon vorher im Blautopf gelebt hatten, noch da sein. Es sind niedliche Geschöpfe – und alle mit Entenfüßen.

Auch der Rachelsee wirkt, als ob darin einfach eine Nixe leben muss. Er ist ein See, der hoch oben im Bayerisch-Böhmerwald, unterhalb des Gipfels vom Großen Rachel liegt, auf einer Höhe von immerhin 1071 m. Er strahlt in tiefem Grün, das im Laufe des Tages, je nach Sonneneinstrahlung, seine Schattierung ändert. Die **Nixe im Rachelsee** wurde bekannt, als der schon erwähnte Weklin, der boshafte Berggeist, um sie freite. Auch bösartige Charaktere haben eben eine weiche Stelle. Eingedenk seines bisherigen Lebenswandels wies die Nixe ihn aber ab. Darüber wurde er so wütend, dass er sie fangen und einsperren wollte. Eine Hexe verriet ihm, wie er einen Regenbogen erschaffen könne, um die Nixe damit an die Wasseroberfläche zu locken. Sie stieg auch tatsächlich neugierig empor und schwamm immer näher ans Ufer. Aber der Kobold in seiner Ungeduld sprang zu früh aus seinem Versteck. Die Nixe erkannte die Gefahr und tauchte wieder unter. Der Kobold blieb ledig. Der Regenbogen ist auch heute noch häufig dort zu sehen.

Ein Nöck, den die Menschen liebten, war **Slomspeter** im Algawischeker See in Schlesien. Dem war es in seinem Wasser so langweilig, dass er sich gern zu Kindstaufen und Hochzeiten einladen ließ. Er erschien dann als Fischer gekleidet und war nur an den grünen Zähnen als Wassermann erkennbar. Gab

Ernst Kreidolf (1863-1956),
Am Bergsee, Blatt 4
„Traumgestalten" (1921)

es länger kein solches Fest, bespritzte er Vorbeikommende mit Schlamm und Wasser, um sich die Zeit zu vertreiben.

Ein anderer sympathischer Wassergeist ist **Fossegrimm**, ein skandinavischer Nöck. Er hat die Gestalt eines schönen Jünglings und ist ein Meister des Saitenspiels. Eigentlich ist er ein gutmütiger Kerl, nur bei leichtfertigen, spöttischen Mädchen kann er wütend werden. Die wirft er ohne Umstände ins tiefe Wasser und krümmt auch keinen Finger für sie, sollten sie nicht schwimmen können. Kommt aber ein musikalischer Jüngling daher und bringt ihm gar ein Geschenk mit, dann lehrt er ihn gerne das Harfen- oder Geigenspiel.

In der Streu, einem kleinen Fluss im nördlichen Franken lebt das **Schlitzöhrchen**. Der kleine Nix heißt so, weil er tatsächlich geschlitzte Ohren hat. Er liebt es, unter Stegen zu lauern und wenn jemand kommt, diesen ins Wasser zu reißen und immer wieder unterzutauchen, bis das Opfer eine gehörige Portion Wasser geschluckt hat. Das findet das Schlitzöhrchen spaßig. Allerdings kam es auch schon vor, dass er es mit dem Untertauchen übertrieben hat und der Mensch ertrank.

Einen ähnlich eigenartigen Humor hat der **Kahlnix** im Kahlgrund bei Aschaffenburg. Allerdings bevorzugt er die Winterszeit, denn er mag es, unter dem Eis hervorzubrechen und einen Vorübergehenden am Genick zu packen. Meistens begnügt er sich, seinem Opfer ein gewaltiges „Hoho, hoho!" ins Gesicht zu schreien und dann wieder unterzutauchen. Kommt man ihm aber dumm und antwortet gar selbst mit einem „Hoho!" lässt er nicht mehr los und zieht einen mit sich unters Eis.

Überhaupt keinen Spaß verstanden die **Topiche**. Sie lebten jeder in einem See in der Gegend von Danzig, der jetzigen Polnischen Seenplatte. Der Topich hatte ein Problem: Seine Lebensspanne war ausgesprochen kurz. Deshalb lockte er oft und gerne Menschen in seinen See. War erst einmal einer, und sei es nur bis zum Knöchel, hineingestiegen, packte ihn der Topich, zog ihn hinab und saugte ihm dort den Herzsaft aus. Dadurch konnte der Topich sein eigenes Leben verlängern. Auf Dauer hat das aber wohl doch nicht funktioniert, denn mittlerweile hört man von Topichen überhaupt nichts mehr. Sie scheinen alle verschwunden zu sein.

Wenn auf einem See Schwäne ihre anmutigen Runden drehen, sind das vielleicht gar keine Vögel, sondern **Schwanenmaiden**. Diese bewohnen meist ein nahes Wäldchen und streifen ihr Schwanenkleid, einen mit Federn besetzten weißen Mantel, immer nur dann ab, wenn sie in Gestalt verführerisch

Schwanenmaiden streifen ihr Ferderkleid nur dann ab, wenn sie in Gestalt von verführerisch schönen Mädchen baden wollen.

schöner Mädchen baden wollen. Sie singen mit süßer Stimme melancholische Lieder oder sitzen nach dem Bad am Ufer, um ihr Haar zu kämmen. Es ist schon vorgekommen, dass ein Mannsbild einen der Federmäntel an sich brachte. Die Maid kann sich dann nicht mehr zurückverwandeln und muss dem Mann folgen, der sie üblicherweise heiratet. Sie wird ihm auch eine gute Frau sein, aber niemals lachen und niemals die Sehnsucht nach ihrem See verlieren. Hat sie die Möglichkeit, ihr Schwanenkleid zurückzuerhalten, wird sie es sofort überwerfen und davonfliegen, selbst dann, wenn sie in der Zwischenzeit Mutter geworden ist.

In den Lochs von Schottland schwimmen ganz sicher niemals Schwäne. In ihnen hausen dafür die **Kelpies**. Sie erscheinen in der Gestalt von riesigen Wasserrössern, die sich von dem Blut Ertrunkener ernähren, die sie vorher ins Wasser gelockt – oder mit Gewalt hineingezogen haben. Es heißt auch, dass sie Mädchen und Frauen, die ihren Ufern zu nahe kommen, vergewaltigen. Danach werden dann nicht selten Jungen mit Pferdegesicht und einem gewalttätigen Temperament geboren.

Auf der Insel Man gibt es die **Glashan**. Auch auf den Orkney-Inseln kommen sie vor, heißen dort aber **Tangye**. Sie treten ebenfalls als Pferde in Erscheinung, aber kleiner, eher wie Fohlen, oder kleine Ponies mit langen Beinen und seegrasbedecktem Rücken. Und mit mächtigen Hoden, was darauf schließen lässt, dass sie ihren größeren Verwandten, was den Umgang mit Frauen angeht, heftig nacheifern.

Die Romantik

„Die romantische Poesie ist eine progressive Universalpoesie. Ihre Bestimmung ist nicht bloß, alle getrennten Gattungen der Poesie zu vereinigen und die Poesie mit der Philosophie und Rhetorik in Berührung zu bringen. Sie will und soll auch Poesie und Prosa, Genialität und Kritik, Kunstpoesie und Naturpoesie bald mischen, bald verschmelzen, die Poesie lebendig und gesellig und das Leben und die Gesellschaft poetisch machen, den Witz poetisieren und die Formen der Kunst mit gediegenem Bildungsstoff jeder Art anfüllen und sättigen und durch die Schwingungen des Humors beseelen. Sie umfasst alles, was nur poetisch ist, vom größten, wieder mehrere Systeme in sich enthaltenden System der Kunst bis zu dem Seufzer, dem Kuss, den das dichtende Kind aushaucht in kunstlosem Gesang.“

Dieses Athenaeum-Fragment von Friedrich Schlegel enthält alle entscheidenden Aspekte der Welt- und Kunstauffassung, die die Romantik kennzeichnen. Ein Zeitstil also, der an der Schwelle zum 19. Jahrhundert sowohl eine neue literarische Strömung als auch ein neues Lebensgefühl ausdrückte.

Die Romantik war vor allem eine Gegenbewegung: Gegen den Rationalismus und die Ideale der klassischen Kunst, gegen eine ständisch verkrustete Gesellschaft, gegen spießbürgerliche Sitten und Konventionen und gegen eine zur kalten Vernunftherrschaft verarmte Aufklärung. Sie suchte vielmehr eine neue Ganzheit, eine allumfassende und nichts ausschließende Kunst und Poesie – jenseits aller kunstfeindlichen Regeln und lebensvergiftenden Konventionen. Das Gefühl sollte betont, das Wunderbare, das Andere der Welt in das sich allzu sichere Eigene zurükkgebracht werden.

Und das Märchen, wie es die Romantiker verstanden, war wie geschaffen dafür, war es doch geschmeidig, ohne beliebig zu werden, zeigte es sich offen für eine Vielfalt an Themen und Motiven, Psychologien und Schreibweisen. Stillte es doch im Gegensatz zum Roman das geheime Sehnen der Romantiker nach einer verklärten Vergangenheit, nach Volkstümlichem und Volksnähe.

Und tatsächlich eroberten die Romantiker mit ihren Märchen Neuland, gelang es ihnen, Befindlichkeiten und Probleme des Menschen mit Gott, der Welt und sich selbst zu thematisieren und auf ganz neue Art literarisch zu gestalten.

Arnold Böcklin (1827-1901),
Triton und Neiride (1873/74).
Mythologische Wesen verkörpern in
Böcklins spätromantischen Werken das
Wesen der Natur.

Zum ersten Mal trat hier auch die Anderwelt in ihrer ganzen wuchtigen Ambivalenz in Erscheinung – als Ort der größten Sehnsucht und der furchtbarsten Bedrohung. Das machte sie für die Romantiker zu einem symbolischen Sinnbild der künstlerischen Existenz, die ungekannte Paradiese entdeckt – in denen allerdings auch ungeahnte Gefahren lauern konnten.

Angesichts dieser Widersprüchlichkeit der Anderwelt entdeckten die Romantiker ihre eigenen (männlichen) Wunsch- und Alpträume: Geradezu magisch angezogen geraten die Männer in den Bann weiblicher, sich in ihrem Narzissmus selbst genügender Wesen, verfallen ihnen und ihren eigenen Obsessionen, vergessen sich und die Welt, entgehen mit knapper Not oder gehen zugrunde. Es ist kein Zufall, dass es in romantischen Märchen von Berg- und Eisköniginnen, die einschließen und einfrieren, oder von Meerjungfrauen, Nixen, Undinen und Melusinen – Wesen des verschlingenden Wassers – nur so wimmelt. Und die ach so verstaubt geglaubten Romantiker lassen ganz plötzlich manch einen heutigen Schriftsteller ganz schön alt aussehen.

Dieser Hochphase der Romantik folgte ein ebenso rascher Niedergang. Das Wunderbare, die Anderwelt geriet alsbald zur wohlgefälligen Floskel, wurde für simples Moralisieren missbraucht und sank schließlich hinab auf das Niveau der witzigen Anekdote und des burschenschaftlichen Sauflieds.

Aber das ist Gott sei Dank nicht das Ende vom Lied. Nachdem manch eine Illusion der Romantik verflogen und manch große Geste schal geworden war, als sich die Zwänge und Konventionen doch als stärker erwiesen und endlich die Macht des Biedermanns noch unverschämter herrschte, schuf Eduard Mörike wie zum Abgesang mit seinem *„Das Stuttgarter Hutzelmännlein„* (inklusive *„Historie von der schönen Lau"*) ein Märchen, in dem Anderwelt und Welt keine Gegensätze mehr sind, in dem der Held gar nicht strahlend und handelnd auftritt, sondern zuschauend und geschehen lassend, und seine Erlösung gerade nicht mehr vom eigenen Willen abhängt, sondern ihm hinterrücks und unwillkürlich geschieht.

Wie seltsam es auch klingen mag, kurz vor Ende der Romantik, ja mit eineinhalb Beinen im Biedermeier, sollte es Mörike als letztem Romantiker gelingen, ein Märchen zu erschaffen, das in seiner sprachlichen, thematischen und psychologischen Gestalt wieder so etwas wie ein richtiges Volksmärchen war und auch tatsächlich von vielen dafür gehalten wurde und noch heute wird.

Die Meerjungfrau Unda verließ aus Liebe zu einem Sterblichen ihre Heimat, das Meer.

Im Meer

Das Meer in seiner Schönheit und Gefährlichkeit ist ein riesiger Lebensraum für allerlei Geister. Am bekanntesten sind die Meerjungfrauen. Aber in den Fluten tummelt sich noch viel mehr.

Unda, eine Meerjungfrau, stand Pate für die später so berühmte **Undine**. Sie war im Meer daheim, verließ ihre Heimat aber, als sie sich in einen Sterblichen verliebte. Der heiratete sie schließlich auch. Aber unter den Menschen blieb sie, so sehr sie sich auch bemühte, doch immer eine Fremde, die sich nicht immer richtig zu benehmen wusste. Und so kam es, wie es musste: Ihr Mann verstieß sie und heiratete eine andere. Unda kehrte danach betrübt wieder ins Meer zu ihrer Familie zurück. Die Fassung wurde später christianisiert, indem man der Meerfrau als Hauptmotiv nicht die Liebe, sondern den Wunsch nach einer Seele unterschob.

Wassergeister können wundervoll betörend singen. Die **Sirenen** haben daraus ihre Hauptbeschäftigung gemacht. Oft folgen sie den Schiffen meilenweit und singen und schmeicheln mit honigsüßen Stimmen. Lässt sich ein Matrose davon verführen, wird er schon bald bei einem plötzlich aufkommenden Sturm über Bord gespült. Notfalls wird auch gleich das ganze Schiff versenkt und der Matrose in die Tiefe gezogen.

In der griechischen Antike stellte man sie sich übrigens als vogelartige Wesen vor, doch im Mittelalter „entdeckte" man ihre Fischschwänze.

Der eher ungewöhnliche Typus einer schüchternen Meerjungfrau lebt im Haff vor der Ostseeinsel Usedom. Diese hellhaarige **Seejungfer**, wie sie dort genannt wird, schaukelt sich gern auf den Wellen und singt liebliche Lieder. Doch sobald sich ein Schiff nähert, taucht sie unter und so gibt es nicht viele, die sich rühmen können, ihren Gesang jemals gehört zu haben.

Nur Fischern, die ein unverschuldetes Unglück an den Rand des Ruins gebracht hat, zeigt sie sich und schenkt ihnen reiche Fänge, sodass die Not bald ein Ende hat. Bevor sie dann wieder untertaucht, schlägt sie mit ihrem Fischschwanz flach auf die Wasseroberfläche und ermahnt den Fischer: „Nicht prahlen! Nicht prahlen!" Hält sich der Fischer daran und erzählt niemandem, wie er zu seinem Fang kam, bleibt das Glück ihm hold. Gibt er aber damit an, dass die Seejungfer ihm geholfen hat, herrscht bald wieder Armut in seinem Haus.

Meermänner glaubt man zu kennen: Alte Männer, alle mit wallendem weißen Bart und Fischschwanz. In Norwegen jedoch zeigen sich die **Fjordmänner** als schwarze Pferde mit Schwimmhäuten statt der Hufe. Vor Irland kann man die **Merrows** mit grünem Haar und kurzen Flossenarmen sehen. Die schottischen **Daoine Mara** sind behaart und plattnasig, der skandinavische **Näkke** hat Haar und Bart von grüner Farbe und Fischzähne. Im mediterranen Raum hat der Meermann dann endlich den an ihm so bekannten Fischschwanz und reitet, den Dreizack in der Hand, gerne auf Delphinen – ganz à la Poseidon bzw. Neptun.

Sie alle haben uneingeschränkte Macht über das Wetter auf See, können Stürme entfesseln, Springfluten, Orkane und Passate lenken. Es soll vorkommen, dass sie ein furchtbares Unwetter zusammenbrauen, nur damit das Tosen der Wellen als Tafelmusik zum Abendessen bis in ihre Paläste auf dem Meeresgrund klingt.

Die irischen Merrows erkennt man an dem grünen Haar und den kurzen Flossenarmen.

Die **Selkies** leben in Robbengestalt. In Vollmondnächten aber steigen sie auf den Shetland-Inseln an Land und legen ihre Häute ab, um am Strand zu tanzen. Stiehlt man solch ein Fell, wird man von seinem Eigentümer – für alle anderen unsichtbar – so lange überallhin verfolgt, bis man es wieder zurükkgibt. Selkiefrauen erkennt man in ihrer menschlichen Gestalt daran, dass sie dünne Schwimmhäute zwischen den Fingern haben, rauhe Handflächen und einen sehr, sehr langsamen Herzschlag. Ihre Verwandten sind die **Roane** an den schottischen Küsten, die so gut wie nie ihre Robbengestalt ablegen und nur an ihren unheimlich glitzernden Augen von normalen Robben zu unterscheiden sind.

Am Strand der Ostsee in Mecklenburg-Vorpommern konnte man früher hin und wieder die **Bernsteinfee** sehen. Sie war blond, ganz in Weiß gekleidet und mit einer Krone erlesensten Bernsteins auf dem Haupt. Als Hüterin dieses Steins, der früher bei Ebbe von den Leuten im Schlick gesucht wurde, hat sie manchem, der es in ihren Augen verdiente, einen reichen Fund gewährt.

Als aber der Vogt des Deutschen Ritterordens, dem das Land damals gehörte, das freie Sammeln untersagte und jeden ans Land gespülten Bernstein für den Orden beanspruchte, trat die Fee ganz in Schwarz gekleidet vor diesen Vogt hin und verfluchte ihn. Seine Seele soll deshalb noch heute in stürmischen Nächten an der Ostseeküste geistern. Die Bernsteinfee hat seitdem niemand mehr gesehen.

Ein Schiffskobold steht dem Kapitän, der ihn respektvoll behandelt, hilfreich zur Seite. Mit seinem Kalfaterhammer, den er immer bei sich trägt, klopft er die Stellen in der Schiffswand ab, wo das Ausbessern nötig ist.

Untrennbar mit Meer und Schifffahrt verbunden sind die **Klabautermänner**, die Schiffsgeister. Jedes Schiff hat seinen eigenen, der „sein" Schiff nur verlässt, wenn es sinken wird oder wenn man ihn beleidigt hat (was letztlich auf dasselbe hinausläuft). Er wohnt in der Gallionsfigur des Schiffes, ist ziemlich klein, oft misst er nicht mehr als 30 cm, hat ein runzeliges Gesicht, Haare und Bart von feuerroter oder weißer Farbe, helle Augen und grüne Zähne. Seine Stimme ist hoch und dünn. Oft ist er in Ölzeug gekleidet wie ein Seemann und liebt es, seine Pfeife zu rauchen. Er hat auch immer einen Kalfaterhammer bei sich (kalfatern nennt man das Abdichten des Schiffs mit Werg und Teer) und klopft damit an die Stellen der Schiffswände, wo das Ausbessern nötig ist. Ein kluger Kapitän wird sich seinen Klabauter zum Freund machen, indem er ihn respektvoll behandelt und mit sich speisen lässt.

Bei einem Unwetter kann man den Klabauter manchmal sehen, wie er als Elmsfeuer um die Masten flimmert, um sie vor dem Umbrechen zu schützen.

Was die Klabautermänner für das Meer sind, sind die Karbouter für die Binnenschifffahrt. Ihr Wohnsitz ist keine Gallionsfigur, Binnenschiffe haben ja auch selten eine, sondern der Schiffsmast, das Herzstück eines jeden Schiffes.

Klabauter wie Karbouter sind eigentlich die Seelen tot geborener Kinder. Wurde ein tot Geborenes nämlich unter einem Baum begraben, siedelte die Seele in diesen Baum über und blieb darin wohnen, selbst wenn dieser Baum gefällt wurde. Einen solchen Baum galt es also zu finden, um eine Gallionsfigur daraus zu machen. Gefiel der Seele die Figur, wandelte sie sich zum Schiffsgeist. Gefiel ihr nicht, was man aus ihrem Baum gemacht hatte, musste die Gallionsfigur ganz schnell ersetzt werden, bevor das Schiff unter dem Zorn der Seele zu leiden hatte. Deshalb wurde so eine Figur auch sehr feierlich und mit großem Ernst am Schiff angebracht, damit die Seele darin sich auch ganz bestimmt respektiert fühlt.

Musik

Inspiriert von Shakespeare oder den romantischen Dichtern entstanden auch einige bemerkenswerte Werke der Musik, deren Komponisten bis heute unvergessen sind. Interessanterweise sind es immer wieder dieselben Motive, die herangezogen wurden:

Bereits 1692 inspirierte Shakespeares Sommernachtstraum den Komponisten Henry Purcell zu seiner Oper *„The Fairy Queen"*, bei uns auch bekannt unter dem Titel *„Ein Sommernachtstraum"*. Sie gilt als das unbestrittene Meisterwerk der englischen Barockoper, mit einer ausgeprägten musikalischen Schönheit in zahlreichen madrigalen Chorsätzen, abwechslungsreichen Solopartien und Instrumentalteilen. Allerdings ist das Werk in seiner ursprünglichen Gestalt von fünf Akten mit jeweils einer zusätzlichen Musikszene wegen seiner Länge kaum mehr aufführbar. Aber vielleicht wagt sich irgendwann mal jemand an eine „Kurzfassung".

E. T. A. Hoffmann, befreundet mit Friedrich de la Motte Fouqué, schrieb 1816 seine Oper „*Undine*". Das Libretto stammt von Fouqué persönlich, der damit sein gleichnamiges Epos noch einmal aufnahm und bearbeitete. Die Uraufführung war ein grandioser Erfolg, der den des zugrunde liegenden Werkes sogar noch übertraf.

Von den Personen in Shakespeares Sommernachtstraum, Oberon, Titania und Puck, angeregt, schrieb 1826 Carl Maria von Weber seine Oper „*Oberon, König der Elfen*". Die Handlung ist allerdings eine ganz andere, obwohl Auslöser mal wieder ein Streit des Elfenherrscherpaares ist. Diesmal zanken sie sich darüber, wer wohl beständiger ist, Mann oder Frau. Um herauszufinden, wer Recht hat, wird ein Liebespaar erkoren und allerlei Unbill ausgesetzt. Am Schluss sollen gar beide verbrannt werden. Als sich beide als treu erweisen, versöhnen sich Titania und Oberon wieder und es folgt das Happyend.

1827 schreibt Felix Mendelssohn-Bartholdy seinen „*Sommernachtstraum*", dessen Hochzeitsmarsch noch heute für fast jede Braut erklingt, wenn sie zum Altar geführt wird, ob nun als Klaviermusik, an der Orgel oder mit Orchester.

Richard Wagner ist berühmt für seinen „*Ring der Nibelungen*", in dem sich immerhin die Rheintöchter neben Walküren und Zwergen tummeln.

Kaum bekannt ist aber, dass er bereits in seiner Jugend der Anderwelt zugetan war. 1833 schrieb er „*Die Feen*".

Die Handlung ist an klassische Feenmärchen angelehnt: Prinz trifft wunderschöne Frau, beide verlieben sich – die Schöne ist natürlich eine Fee. Selbstverständlich ist die Heirat mit einer Bedingung verbunden, der Prinz darf seine Frau acht Jahre lang nicht fragen, wer sie sei, noch woher sie käme (dieses Problem hat Wagner dann später auch seinem Lohengrin untergeschoben). Als der Prinz, wie nicht anders zu erwarten, seine Neugier nicht zügeln kann, wird die Geliebte in einen Stein eingeschlossen. Aber am Ende wird doch noch alles gut.

.Arthur Rackham
(1867 -1939),
Undine (1909) nach Friedrich
de la Motte Fouqué.

96

Die Musik des jungen Wagners zeigt noch nicht das Bombastische, Visionäre seiner späteren Werke. Nichtsdestotrotz ist es aber eine sehr schöne Oper, die zu Unrecht von den „Wagnerianern" verleugnet wird.

Am 28. Juni 1841 wird in Paris ein fantastisches Ballett von Jules Henri Vernoy de Saint Georges, Théophile Gautier und Jean Coralli uraufgeführt: „*Giselle*".

Giselle, ein bildschönes Bauernmädchen, wird von Herzog Albert geliebt, der aber eigentlich schon standesgemäß verlobt ist. Er gibt sich bei Giselle deshalb als einfacher Bauer aus. Als die Wahrheit herauskommt, ist das zu viel für Giselles ohnehin schwache Gesundheit: Sie stirbt.

Des Nachts wird Giselle von den **Willis** aus dem Grab gerufen – das sind in Luftgeister verwandelte Seelen von Bräuten, die noch vor ihrer Hochzeit starben – und unter ihnen aufgenommen. Als Herzog Albert sich dem Grab der Geliebten nähert, wird er von den Willis mit dem Zauber belegt, bis zu Erschöpfung und Tod zu tanzen. Giselle jedoch kann ihn retten, bis der Morgen dämmert und sich die Willis zurückziehen müssen – mit Giselle. Albert bleibt allein zurück, aber wenigstens lebt er noch.

Wie könnte man Luftgeister wie die Willis besser darstellen als durch Ballett? Die eindringliche Musik und auch Alberts immer rasenderer Tanz tun ein Übriges, um den Zuschauer in die Anderwelt zu entführen, ja geradezu mitzureißen. So ist dann der Klang der Morgenglocken nicht nur für den Herzog wie eine Erlösung.

Ein weiteres Mal wurde Undine 1845 vertont. Albert Lortzing komponierte auf der Grundlage des Werkes von Fouqué seine stimmungsvolle Oper, der er noch die komischen Figuren des Knappen Veit und des Kellermeisters Hans hinzufügte.

„*Peer Gynt*" ist ein Stück von Henrik Ibsen, in dem es um einen Helden geht, der es auf der Suche nach sich selbst mit allerlei Unirdischen, wie den Trollen, deren König und seiner Tochter zu tun bekommt. „*Peer Gynt*" wurde seines ausgeprägten Freiheitsdranges wegen zum Nationalhelden des norwegischen Volkes. Ibsen selbst bat den Komponisten Edvard Grieg darum, „*Peer Gynt*" zu vertonen. 1876 vollendete Grieg das Werk und wurde über Nacht zum Volkshelden.

Auch wenn z. B. das Stück „*Der Morgen*" aus diesem Werk mittlerweile für eine Honigwerbung herhalten muss, sind Qualität und Motivvielfalt von Griegs „*Peer Gynt*" nach wie vor unbestritten. Wer

Arthur Rackham (1867 -1939) zu
Henrck Ispsen's Stück Peer Gynt
(1936).

beim Trollmarsch nicht tatsächlich die Trolle herankommen hört, dem ist
nicht zu helfen.

Eher eine Nebenrolle, aber dafür eine besonders reizende, spielen die Feen
in der Nussknackersuite von Peter Tschaikowsky (1892). Dieses Ballett
erzählt ein Märchen von E.T.A. Hoffmann, nämlich „*Nussknacker und
Mausekönig*". Am Schluss, als Belohnung, darf die tapfere Klara, die den
vom Mausekönig in einen Nussknacker verwandelten Prinzen erlöst hat,
mit ihm in das Land der Süßigkeiten, wo Zuckerfee, Schneekönigin und
Blumenfee ihr einen triumphalen Empfang bereiten. Tschaikowsky hat
übrigens „nur" die Musik geschrieben, das Ballett stammt von Marius
Petipa und Lew Iwanow, welche für ihre Choreographie viel Lob erhielten,
während man die Musik damals allgemein als zu schwer empfand. Eine
Meinung, die sich inzwischen gründlich geändert hat. Die
„*Nussknackersuite*" ist heute Tschaikowskys wohl berühmtestes Werk.

1901 wurde Rusalka, eine Oper von Antonín Dvořák uraufgeführt. Es
handelt sich hier um eine Adaption des Undine-Motivs, versetzt in eine
ausgesprochen böhmische Landschafts- und Märchensphäre. „*Rusalka*"
ist übrigens kein Eigenname, sondern das tschechische Wort für Nymphe.
    Werner Egk nahm 1938 das Peer-Gynt-Motiv noch einmal auf und
schrieb seine Oper „*Peer Gynt*". Seine Interpretation von Ibsens Drama ist

dabei sehr frei und so wird daraus eine Auseinandersetzung des Einzelmenschen mit den kollektivistischen Mächten der Gegenwart, welche die Trolle symbolisieren.

Noch ein „*Sommernachtstraum*", diesmal von Benjamin Britten, wurde 1960 uraufgeführt. Die Oper hatte ursprünglich fünf Akte, was sie schon aus Zeitgründen kaum spielbar machte. Unter Mitwirkung von Peter Pears, einem Sänger und Mitglied der English Opera Group, der ursprünglich Philologe war, kürzte Britten sein Werk auf drei Akte. Danach trat die Oper einen wahren Siegeszug durch alle bekannten Opernhäuser an.

Natürlich ist das nur ein kleiner Ausschnitt aus der Welt der Musik. Allein das Undine-Motiv wurde noch vielfach aufgegriffen, z. B. von Claude Debussy, Maurice Ravel und Hans Werner Henze. Musical und Popmusik wurden erst gar nicht berücksichtigt, wenn z. B. Madonna in ihrem Video „*To Jenny*" selbst als verführerische Elfe herumflattert oder Robert Plant sein Album „*Dreamland*" mit dem Bild einer Harfe spielenden Nixe schmückt – denn das hätte den Rahmen eindeutig gesprengt.

Geister ohne festen Wohnsitz

Mit Familienanschluss

Es gibt Geister, die scheren sich nicht um den Ort, an dem sie sind, wohl aber um die Familien, an die sie sich gebunden fühlen. Anders als manche Hausgeister, die ja notfalls auch mit der Familie umziehen, helfen sie nicht bei der Arbeit. So lieb das mancher Familie auch wäre, sie loszuwerden, ist das einfach unmöglich, da es den Geistern schlichtweg egal ist, ob man sie gut oder schlecht behandelt, beachtet, missachtet, fürchtet, verflucht oder respektiert.

Solche Geister sind die **Weißen Fräulein** oder **Weiße Frauen**. Jedes Adelsgeschlecht hat eigentlich sein eigenes Weißes Fräulein, nicht selten handelt es sich um eine Ahnfrau, die sich besonders durch die Liebe zur Familie ausgezeichnet hat und diese Familie auch nach ihrem Tode nicht verlassen wollte. Meistens sieht und hört man nichts von diesen Frauen, aber wenn eine Geburt ansteht, erscheinen sie, um das Neugeborene als Erste zu herzen und zu küssen. Eine Weiße Frau wird auch jammernd und klagend umgehen, wenn ein Todesfall nahe bevorsteht. Manche erscheinen direkt vor dem, der sterben soll, um ihn zu ermahnen, seine letzten Dinge zu regeln. Sie tun das, wo immer die Person sich gerade befindet, auch fließendes Wasser, welches sonst so manchen Geist aufhält, ist für sie kein Hindernis. Manchmal aber schleichen sie auch nur laut weinend durch das Haus und man weiß dann zwar, dass jemand in der Familie sterben muss, aber nicht wer.

Auch bei verzweigten Familien, wenn der eine Nachfahre dorthin zieht und der andere dahin, wird das Weiße Fräulein gewissenhaft bei beiden Familien erscheinen.

Ähnlich ist es mit der **Banshee** in Irland. Auch sie schließt sich Familien an, die sie dann nie wieder verlässt. Sie kann in menschlicher Gestalt erscheinen, aber auch als Krähe oder als Wiesel. Sie kann als Warnerin auftreten, um einen Unfall zu verhindern, normalerweise aber erscheint sie, um mit schauriger Wehklage den Tod anzukündigen, meist in der Nacht, in der jemand aus der Familie stirbt. Sie wurde aber auch schon gesehen, wie sie blutige Hemden wusch, was die gleiche Bedeutung hatte wie ihr Heulen – vielleicht

Die Banshee kann in menschlicher Gestalt erscheinen, als Krähe oder als Wiesel.

Mit dem Waschen von blutigen Hemden oder mit lautem Geheule kündigt die Banshee den baldigen Tod eines Familienmitglieds an.

als Alternative, weil sie gerade heiser war. Der Überlieferung nach klagt die Banshee bei den fünf bedeutendsten irischen Familien – den O'Neills, den O'Briens, den O'Connors, den O'Gradys und den Kavanaghs –, da diese angeblich die einzigen echt gälischen Familien waren, ohne einen Tropfen normannischen Bluts. Die Banshee ist eben eine echte Patriotin – na ja, eine Chauvinistin. Ab dem 12. Jahrhundert kam es aber auch in diesen fünf Familien zu Mischehen. Anscheinend konnte sich die Banshee damit abfinden, denn sie wandte ihre Aufmerksamkeit auch den neuen Zweigen am Stammbaum zu und reiste sogar mit, als Teile davon nach Amerika, Kanada und Australien auswanderten.

Es gibt auch **Schutzgeister** mit Familienanschluss. In Sibirien sind sie bekannt als **Yakeela**, in Arabien als **Tabi**. In Lappland haben sie keinen allgemein gültigen Namen, aber es ist bekannt, dass sie die Gestalt von Fliegen annehmen, in Australien wiederum die von Eidechsen, in Neuguinea die von Schlangen. Auf den Britischen Inseln kennt man sie als unsichtbare **Imps**.

Meistens fungieren sie als Gewissen, das sich meldet, wenn man dabei ist, die falsche Entscheidung zu treffen, oder sie verhindern Unglücke. Diese Eingriffe werden von uns unbedarften Sterblichen dann als glückliche Zufälle angesehen. Manche Schutzgeister wachen über die ganze Familie, die meisten suchen sich aber nur eine einzelne Person innerhalb „ihrer" Familie aus. Das ist Arbeit genug. Manche „spezialisieren" sich dabei auf die Kinder. Sind die einen erwachsen, wechseln sie zu einem neuen Kind, aber immer innerhalb derselben Familie.

Kreuz und quer durchs Land

Geister, die sich z. B. um die Fruchtbarkeit der Erde kümmern, haben keinen festen Lebensraum und keinen Familienanschluss, dafür aber eine feste Zeit: Die Raunächte.

Die Raunächte

Die **Raunächte** sind die zwölf Nächte zwischen Weihnachten und dem 6. Januar (Heiligdreikönig, oder besser zwischen der Wintersonnwende und der Berchta-Nacht (bzw. dem Perchtenabend). In diesen Zeitraum fallen die längsten und dunkelsten Nächte des Jahres. In diesen Nächten ist die Trennung zwischen der Anderwelt und unserer eigenen besonders dünn. Die Zwölften, wie die Zeitspanne auch genannt wird, sind eine Zeit der Geister und Seelen. Vielfältiges Brauchtum, Orakel, Magie und Aberglaube ranken sich um diese Tage und Nächte.

Durch die Lüfte braust Frau Perchta mit ihrem Wagen; ebenso die Wilde Jagd. Frau Gaude sucht nach offenen Fenstern, Knecht Ruprecht nimmt sich die Bauern vor. Versunkene Schlösser und Schätze steigen empor, Zwerge kommen zu Besuch und müssen bewirtet werden. Unbekannten Tieren ist in dieser Zeit nicht zu trauen, weil die Hexen oft deren Gestalt annehmen.

Die Zeit der Sonnwende, des Wechsels, hat die Menschheit schon immer beeindruckt und beschäftigt. Schon in vorchristlicher Zeit wurde die Wintersonnwende als Geburt der Sonne gefeiert, denn die langen, dunklen Nächte waren dann endlich vorbei. Das Leben wurde wieder sicherer. Die alten Urängste, die sich im Dunkeln immer regen, verloren ab diesem Zeitpunkt wieder an Macht.

Diese Tatsache nutzten die christlichen Missionare für ihr Tun. Sie feierten die Geburt Christi – nichts deutet darauf hin, dass Jesus von Nazareth an einem 24. 12. zur Welt kam – an eben diesem Tag, sodass die Sonne als Symbol diente für den Mensch gewordenen Gott als dem Licht der Welt.

Die Raunächte zwischen
Weihnachten und dem
6. Januar sind die Zeit der
Geister und Seelen. Frau
Perchta braust durch die
Lüfte. Ihr Gefolge sind die
Heimchen, die Seelen tot
geborener oder zu früh ver-
storbener Kinder. Die
Wilde Jagd verunsichert
die Gegend ebenso wie
Knecht Ruprecht und Frau
Gaude, die nach offenen
Fenstern sucht.

Frau Perchta – auch Berchta, Bercht, Berite, Beryt, Bertha, Frau Berta oder Große Spinnerin genannt, ist uralt. Es heißt, sie sei die Erbin von Freya, der Großen Göttin selbst.

Wie dem auch immer sei, fest steht, dass sie eine Unirdische mit vielen Facetten ist. Sie steht für ewige Wiederkehr, den Kreislauf von Tod und Geburt. Sie kann die gütige Spenderin sein oder die strenge, aber gerechte Richterin. Sie ist eine Fee, die den Beginn eines neuen Jahres bzw. eines neuen Naturkreislaufes symbolisiert. So steht ihr Name Berchta, Birte oder Berta für Licht und Hoffnung (Birtu – Licht im Isländischen, Berchta – Erleuchtung oder Birke – Weiß aus dem Altschwedischen).

Ihr Gefolge sind die Heimchen, so heißen tot geborene oder zu früh verstorbene Kinder, denen Perchta eine gütige neue Mutter ist. Unter ihrem großem, weiten Mantel finden die Heimchen Schutz und Geborgenheit. In der Fränkischen Schweiz sieht man die Heimchen als Zwerge an. Es gibt auch die Ansicht, Perchtas Gefolge sei eine Mischung aus beidem und obendrein könnten auch die Seelen von Selbstmördern dort Frieden finden, ebenso wie verlorene Elfen und überhaupt alle Verlassenen und Vergessenen.

In den Raunächten zieht Frau Perchta in einem von vier weißen Hasen gezogenen Wagen übers Land. Sie ist in Skandinavien unterwegs, aber auch in Norddeutschland, Bayern, der Ostschweiz und Tirol. Besonderes Interesse zeigte sie an den Rockenstuben, als es diese noch gab, also den Zimmern, in denen Flachs und Wolle gesponnen wurde. Wehe den Frauen, die am Perchtenabend nicht alles rein abgesponnen hatten! Unangenehm kann Perchta auch werden, wenn sie beleidigt wird. So hat sie einmal eine neugierige Magd, die sie und ihren Zug ausgelacht hatte, mit Blindheit geschlagen. Im Jahr darauf hat sie das aber wieder rückgängig gemacht. Sie belohnt die Fleißigen, deren Haus und Hof sie besonders segnet, und straft die Faulpelze mit einem Fluch.

Vielerorts wird der Tisch für sie mit den Resten des Weihnachtsessens gedeckt oder auch mit eigens für sie gekochten Speisen und Wein, damit sie und ihre Schar rasten und sich laben können. Oft liegt auf diesem Tisch auch eine Krone aus Wacholder als Geschenk, oder man zündet eine Kerze für sie an. Das alles soll sie gnädig stimmen, auf dass sie die Erde mit besonderer Fruchtbarkeit segne.

In einigen Gegenden backen die Mütter extra Kuchen in Pantoffelform, in denen Frau Perchta dann kleine Geschenke zurücklässt. Und Mädchen verbrennen in ihrem Namen Wacholder, um im Rauch ihren künftigen Ehemann zu erblicken.

Frau Perchta wird als sehr groß beschrieben. Einigen erschien sie als majestätische reife Frau, anderen runzelig und dürr, aber immer sind ihre Augen blau und ihr Gesicht blass. Ihr Mantel, in dem sich die Heimchen bergen, hat die Farbe des Sturms und ist innen mit Sternen bestickt. In manchen Gegenden soll sie aber auch in eine Kuhhaut gehüllt sein, mit einer Hornmaske vor dem Gesicht.

Perchtas Nichte ist **Frau Gaude**. In der Weihnachtsnacht schweift sie durch die Dörfer, auf der Suche nach schlecht geschlossenen Türen und Fenstern. Ihre Begleiter sind Jagdhunde mit rötlichen Zähnen und Augen. Findet sie Eingang, lässt sie vor dem Kamin des betroffenen Hauses einen ihrer Hunde zurück. Diesem kann niemand beikommen ohne die Gefahr, zerfleischt zu werden. Keine Beschwörung und kein Bann kann ihn von seinem Platz vor dem Kamin vertreiben. Schießt man ihn in den Kopf, wird er zu Stein, aber jede Mitternacht erwacht er zu neuem Leben und heult. Jedes Mal, wenn der Hund heult, bedeutet das einen weiteren Fluch gegen die unachtsamen Bewohner des Hauses – Unfälle, Krankheiten und was an Unglück mehr geschehen kann.

Der Hund bleibt sitzen bis zur nächsten Weihnacht. Dann pfeift Gaude nach ihm und er läuft zurück zu seiner Herrin und die Zeit des Unglücks ist vorüber.

Ein weiterer Reisender während der **Raunächte** ist **Knecht Ruprecht**, in Bayern auch **Krampus** genannt. Er spricht bei Bauern vor, die im vergangenen Jahr ihr Gesinde schlecht behandelt haben, zählt jedes einzelne Vergehen auf und züchtigt den schlechten Herrn mit einer Rute aus Wacholderzweigen. Je mehr Knecht und Magd haben leiden müssen, umso schlimmer ergeht es jetzt dem Schuldigen.

Früher war Ruprecht ein Mitglied der Wilden Jagd. Als sein Pferd ein Hufeisen verlor, hatte er zurückbleiben müssen. Der Schmied, bei dem er vorsprach, lud ihn ein, die Nacht bei ihm und seiner Familie zu verbringen, und als Ruprecht in der heimeligen Stube saß und den Kindern beim Spielen zusah, wurde ihm ganz warm ums Herz. An jenem Abend aber kam auch noch der Graf, dem der Landstrich gehörte. Er befahl den Schmied rüde vom Abendbrottisch fort, denn auch des Grafen Pferd hatte ein Eisen verloren und der hohe Herr hatte es eilig. Als der Schmied ihm erklärte, das Feuer in der Esse sei schon gelöscht, tobte der Graf und stieß nach dem Schmied. Darüber war Ruprecht so erzürnt, dass er dazwischenging. Der Graf war über die wilde Gestalt, die da groß und drohend vor ihm aufragte und ihn mit rot glühenden Augen anfunkelte, nicht wenig erschrocken. Er wurde ganz klein und demütig und bat höflich um Entschuldigung.

Ruprecht kehrte nicht mehr zur Wilden Jagd zurück, sondern setzt sich seitdem jedes Jahr aufs Neue für die Bediensteten ein.

Knecht Ruprecht setzt sich während der Raunächte für die Bediensteten ein. Er bestraft all jene, die im vergangenen Jahr ihr Gesinde schlecht behandelten.

Die **Wilde Jagd**, auch **Wodansjagd**, **Wildes** oder **Wütendes Heer** oder **Wuotesheer** genannt ist eine durch die Lüfte jagende Gesellschaft. Angeführt wird sie vom Wilden Jäger, dem Wode, einem Nachfahr des Gottes Wotan. Umgeben von zahlreichen Hunden ziehen sie kreuz und quer übers Land, besonders im süddeutschen Raum und in den Alpenländern. Sie machen gern Jagd auf Moos- und Holzweibchen oder Wilde Frauen, die sich nur retten können, wenn sie sich auf einen Baumstumpf setzen, in dem drei Kreuze eingeritzt sind. Hört man die Jagd auf sich zubrausen, wirft am sich am besten bäuchlings auf den Boden und legt die Hände über den Kopf. Auf keinen Fall darf man aufschauen, während die Jagd über einen hinwegtost, denn dann muss man mit ihr mit. Viele sind deshalb schon spurlos verschwunden – oder sie kamen erst Wochen später wieder heim, mit leerem Blick und ängstlich wie kleine Kinder. Sie haben sich nie wieder von ihrem Schrecken erholt.

Ein vorwitziger Jäger hat einmal seinem Hund befohlen, als die Jagd vorbeizog: „Los! Lauf mit!" Der Hund hat ängstlich aufgeheult, sprang aber gehorsam zum Fenster hinaus. Am nächsten Morgen fand ihn der Jäger in Stücke gerissen vor der Tür.

Die schottischen Highlands haben ihre eigene Wilde Jagd. Es sind die **Sluagh** mit ihren **Dandy Dogs**. Die Sluagh sind die Geister von Toten, denen nicht vergeben wurde – die also ein Verbrechen begangen hatten, für das sie auch nach ihrem Tod keine Verzeihung erlangen konnten. Sie reiten an Halloween, der Nacht der Toten, über das Schottische Hochland und wem sie begegnen, den reißen entweder die Hunde in Stücke oder die grausigen Jäger verschleppen ihn – keiner weiß wohin. Selten wird so ein Unglücklicher jemals wieder gesehen. Aber falls er doch, oft Wochen später, wieder nach Hause kommt, ist er wahnsinnig geworden. Er sitzt dann nur noch wimmernd wie ein verängstigtes Kind in einer Ecke und erschrickt über jedes Geräusch.

Die Briten kennen so etwas Ähnliches wie die Wilde Jagd, nur nicht wild und nicht auf der Jagd – aber wenigstens auch immer unterwegs: **König Herla** und sein Gefolge. Dieser König war einst von einem Zwerg zu dessen Hochzeit geladen worden. Der Weg dorthin führte tief in die Erde, bis man in einen herrlichen Saal gelangte, von zahlreichen Lampen erhellt und mit jeder erdenklichen Pracht ausgestattet. Das Hochzeitsfest dauerte bis tief in die Nacht. Als Herla am nächsten Morgen nach Hause reiten wollte, gab ihm der Zwerg einen jungen Jagdhund mit und schärfte ihm ein, diesen fest in den Armen zu halten und erst vom Pferd zu steigen, wenn der Hund vorher zu Boden sprang. Herla versprach es und ritt mit seinen Mannen davon. Als sie wieder ans Tageslicht kamen, sah das ganze Land verändert aus und sie fanden den Weg zurück nicht mehr. Ein alter Mann, den sie fragten, erklärte erstaunt, von einem König Herla nichts zu wissen, außer aus einer Legende, die aber sicher schon über zweihundert Jahre alt sei. Als sie das hörten, sprangen einige Männer des Königs aufgebracht aus den Sätteln – und zerfielen zu Staub, sobald sie den Boden berührten. Herla verbot daher einem jeden abzusteigen, bevor nicht der Hund aus seinen Armen zu Boden sprang. Sie ritten weiter. Der Hund sprang niemals.

Sie zogen also dahin, ohne jemandem ein Leid zu tun, aber auch ohne jemals rasten zu können.

Im ersten Jahr nach der Krönung Heinrich II. aber wurden sie gesehen, wie sie alle in den Fluss Wye bei Hereford ritten und versanken. Durch den Fluss soll ein Weg in das unterirdische Reich der Zwerge führen und so sind sie wohl zu diesen zurückgekehrt.

Die Sehnsucht nach der Anderwelt

Mit der Industrialisierung, Verwissenschaftlichung und Entzauberung der Welt verloren auch die Elfen an Bedeutung. Technik verwirklichte Träume, die eine Fee niemals hätte erfüllen können. Die Wissenschaft konnte Phänomene erklären, die einst den Elfen zugeschrieben wurden, elektrisches Licht erhellte die Nächte, Haushaltsgeräte machten den Hausgeist überflüssig. Die Anderwelt geriet in Vergessenheit, wer noch von ihr sprach, wurde als Fantast belächelt.

Aber ganz totzukriegen war sie nicht, sie wartete vielmehr im Hintergrund auf ihre Chance. Das wurde deutlich, als sich 1917 zwei Schulmädchen aus Cottingley in England einen Spaß machten, der ungeahnte Folgen haben sollte. Die beiden Cousinen Elsie Wright und Frances Griffiths zeigten in ihrer Familie Fotografien herum, die jeweils eine von ihnen in Gesellschaft einer

Frances und die Elfen. Im Juli 1917 von Elsie Wright gemachte fotografische Aufnahme.

Schar kleiner geflügelter Wesen zeigte. Wer genau hinsieht, erkennt ziemlich rasch, dass es sich bei diesen Kreaturen um Zeichnungen handelte. Eines hatte obendrein sein Bein so unnatürlich abgewinkelt, dass es gebrochen sein musste, sollte es wirklich so liegen. Aber anscheinend wollte das niemand sehen, denn plötzlich war alle Welt von der Existenz von Elfen überzeugt. Selbst Sir Arthur Conan Doyle, der Erfinder von Sherlock Holmes, dem Detektiv mit dem scharfen Auge und dem analytischen Verstand, fiel auf die Bilder herein und steigerte sich im Laufe der Zeit in einen wahren Elfenwahn hinein.

Die Mädchen waren von dieser Entwicklung so eingeschüchtert, dass sie erst Jahrzehnte später wagten, die Fälschung einzugestehen. Und zwar als Geoffrey Crawley, der damalige Herausgeber des British Journal of Photography, in den frühen 1980er Jahren die Bilder genauestens studierte und einige Ungereimtheiten erkannte. Elsie Wright erzählte, wie eine von ihnen die Figuren aus einem Buch abgezeichnet, ausgeschnitten und an Stricknadeln aufrecht hingestellt hatte.

Kleine Ursache, große Wirkung. Es dauerte ein Weilchen, bis das Interesse wieder nachließ. Ganz verschwunden ist es nie mehr.

Und heute?

Kunst und Kitsch

Bereits Jahre vor den Fotos von Cottingley, nämlich 1871, hatte eine Keramikmanufaktur aus dem Städtchen Gräfenroda im Thüringer Wald eine geniale Idee: Zwerge! Waren die ersten Zwerge noch als Innendekoration gedacht, wurden sie schon bald wetterfest und nach draußen gestellt, bewaffnet mit Gabeln, Spaten oder Pfeifen und alle mit Vollbart und roter Zipfelmütze: Der Gartenzwerg war geboren.

Seitdem ist er aus den Gärten nicht mehr wegzudenken. Zwischenzeitlich als Zeichen des Spießertums verschrien, ist er mittlerweile auch schon mal postmoderner Kultgegenstand.

Und seit ein paar Jahren steht oder sitzt neben ihm auch noch ein liebliche kleine Elfe und hält ein Vogelbad in Händen.

Das Niedliche und Putzige an Elfen und Kobolden ist überhaupt sehr beliebt: Ob als kunsthandwerklich handgefertigte Puppe, ob als Massenware in Zuckergussfarben, ob – letzter Schrei! – als Motiv für zahlreiche Kreationen in Window-Colours: Selbst gemalte, transparente Elfen fürs Fenster.

Die britische Künstlerin Cicely Mary Barker war mit ihren *Flower-Fairies* eine Art Trendsetter. Dabei fertigte sie selbst eigentlich gar keine Figuren,

Ida Rentoul Outhwaite´s stimmungsvolle Zeichnungen entstanden in den
20er Jahren des letzten Jahrhunderts
und machten die Künstlerin bald zu
einer der berühmtesten Elfenmalerinnen
ihrer Zeit.

sondern malte Bilder. Geboren am 28. Juni 1895, veröffentlichte sie ihr erstes
Buch im Jahr 1923. Bis zu ihrem Tod 1973 folgten noch viele weitere. In
ihren Aquarellen stellte sie jeweils eine in England heimische Pflanze detail-
getreu vor – gemeinsam mit der in Kleidung und Haltung dazu passenden
Elfe. Und zu jeder Pflanze gab es auch noch ein kleines Gedicht.

Nach diesen Bildern werden die berühmten *Flower-Fairy*-Figuren auch
heute noch produziert. Bisher gibt es 84 verschiedene Formen, die letzte
Sechserserie kam Juli 2002 auf den Markt. Alle zeichnen sich durch indivi-
duelle Gestaltung und Fantasiereichtum aus.

Bilder mit ähnlichen Motiven gibt es übrigens auch von Margaret Tarrant,
die sie in den 1920er- und 30er- Jahren malte. Auch sie dienten bereits
Figuren, wie etwa einer Tulpen- oder Mohnelfe, als Vorlage. Und die Bilder
von Ida Rentoul Outhwaite (1888-1960) nebst den darauf basierenden
Figuren dürfen natürlich auch nicht vergessen werden.

Überhaupt waren und sind die Bewohner der Anderwelt in der Kunst zahlreich vertreten, vor allem die Elfen und Nixen. Spätestens seit dem

Höhepunkt des Jugendstils in den Jahren 1890 bis 1910 sind sie als Schmuck und Ornament sehr beliebt. Feen in faltenreich wallenden Gewändern und Nixen mit gelöstem Haar zieren Broschen und Colliers dienen als schwungvoller Rahmen für Spiegel und Bilder und lassen die Kunst der Buchverzierung neu aufleben. Bekannte Künstler, wie z. B. Arthur Mackmurdo und Henry van de Velde, schufen Stücke, die neben der stilbildenden floralen Ornamentik den Frauenkörper – und diesen am liebsten mystisch verklärt – als Dekorationsmotiv entdeckten.

Diese schmückende Kunst erlebt heute eine Renaissance bei Goldschmieden wie z. B. Runa Verdandi oder Rudi Lang.

Kunsthistorischer Haupttummelplatz der Elfen ist aber die Malerei. Künstler des 19. und 20.Jahrhunderts wie Joseph Noel Paton, Arnold Böcklin, Moritz von Schwind oder Sir John Tenniel, Arthur Rackham, Ernst Kreidolf oder Harold Robert Millar fanden zahlreiche Nachfolger. Die Elfen wurden allerdings allmählich erwachsen und erschienen als verführerische Frauen. Neil Gaiman, Charles Vess, William Todd-Jones, Alan Lee, Mark Wagner, Frank Frazetta, Greg Hildebrandt, Carl Lundgren, Rowena Morrill, Michael Whenlan, Laszlo Borka und natürlich John Howe sind nur eine Auswahl an Künstlern, die sich diesem Sujet verschrieben haben. Rolf Lidberg mit seinen liebenswerten Trollen, Karin Dickel-Jonasch mit ihren Scherenschnitten oder Rien Poortvliet mit seinen Heinzelmännchen, die er mit lebensechten Tierzeichnungen kombiniert, ergänzen die Elfendarstellung um einen weiteren Zweig. Auch neue Methoden wurden entwickelt. Sehr interessant ist dabei die von Wolfgang Weitzel, der durch eine besondere Art der Pflanzenfotografie Elfenfotos entstehen lässt.

Skurriler, humorvoller, aber nicht weniger fantastisch sind die Bilder von Roland Sabatier, Tom Cross oder Claude Gengler.

Allen voran steht jedoch Brian Froud. Er gab den Elfen Witz, Originalität und Tiefe. Zusammen mit Terry Jones (Ex-Monthy-Python) brachte er frischen, launigen Wind in das Thema und auch im Film setzte er neue Maßstäbe, als er bei *„Dark Crystal"* mitwirkte. Doch davon später.

Brians Frau, Wendy Froud, verfolgt mit ihren Figuren die gleiche Richtung. Sie kreiert freundliche, sympathische Geister, denen bei aller Mystik auch immer noch die gute alte Erdverbundenheit anhaftet, sodass man sich leicht vorstellen kann, ihnen einmal im Wald zu begegnen. Und jeder von uns hat schon die eine oder andere ihrer Arbeiten bewundert, wenn auch, ohne es zu wissen: Die Figuren in den Filmen *„Dark Crystal"* und *„Labyrinth"* stammen ebenso von ihrer Hand wie Yoda aus dem *„Krieg der Sterne"*.

Natürlich ist Wendy Froud nicht die einzige Vertreterin dieser Kunst-

Wolfgang Weitzel: Durch eine besondere Technik der Pflanzenphotografie enstehen feengleiche Blütenbilder.

Die Wesen aus der Anderwelt von Lazlo Borka haben nichts mehr mit den kindlichen Elfen, die im 19. und 20. Jahrhundert so zahlreich vertreten sind, gemein.

richtung. Hier seien nur und keinesfalls abschließend genannt: Marlene Verheelst mit ihren anmutigen Dekorationsmarionetten, oder Annie James, Anna Wischin, Peter Wolf, Csanta Reiss, Silvia Kümmeth, Helga Pollmann, Angelika Feldmayer, Paula Stolz, Manfred Stroh, Silke Schlösser oder Maja Wick-Bucherer und nicht zu vergessen Katherine Dersey mit ihren preisgekrönten Miniaturen. Es ist unmöglich, sie alle einzeln vorzustellen, weswegen eine einfache Liste genügen muss. Sie alle haben auf ihre eigene Art fantastische Figuren entstehen lassen, mal eher traditionell bis viktorianisch, mal in der Nachfolge Wendy Frouds bis hin zur ganz eigenen, neuen Interpretation. Es gibt Elfen aus Ton, Porzellan, Papiermaché oder Holz, mal gefällig, mal bizarr, mal putzig, mal entsetzlich. Neben den bekannten Elfenarten wurden dabei auch noch zahlreiche neue erfunden wie die Quarks, die Löffler, die Grimmels oder die Schneckhäusler.

Und ich selbst? Ich versuche, mit meinen Softskulpturen die Wesen aus alten Überlieferungen neu erstehen zu lassen. Man hat mir schon vorgeworfen, die Gesichter meiner Figuren ähnelten Karikaturen, sie hätten nichts Liebliches an sich. Für mich ist das ein Kompliment. Mich interessiert die menschliche Mimik und ihre Überzeichnung, die noch an Eindringlichkeit gewinnt bei der Übertragung auf mystische Geschöpfe, deren Existenz von vielen angezweifelt wird.

Das Besondere an den Naturgeistern ist ja auch und gerade ihre ungebrochene, ja „unzivilisierte" Emotionalität. Bei ihnen findet man alles: Wutanfälle, Freudentänze, Heimtücke, Schadenfreude, Mitleid und Liebe. Gefühlsäußerungen, die sich der Mensch heute nicht mehr so ohne weiteres traut, sind bei ihnen ganz normal. Viele der Geister werden zudem als alt und runzelig beschrieben. Und gibt es etwas Reizvolleres als ein Gesicht voller

Links: Scherenschnitt von Karin Dickel-Jonasch.

Rechts: Claude Gengler bringt skurril und humorvoll das Wesen seiner Gnome und Kobolde zum Ausdruck.

Ruth Schuhmann lässt mit ihren Softskulpturen die Wesen aus alten Überlieferungen neu erstehen, ob liebliche Waldelfe oder kuriosen Kobold. Ihre besondere Liebe gilt dabei der Vielfalt der Mimik.

Runzeln, durch ein Lächeln verklärt? Elfen sind niemals nur lieb und nett oder nur Unheil bringend und schlecht. Es ist immer etwas Zweischneidiges an ihnen – sie sind dämonisch und liebenswert in einem. Es reizt mich, z. B. einem Erdzwerg mit seinem Furcht erregenden Gebiss einen gewinnend herzlichen Blick zu geben. Und eine Fee in vollendeter Schönheit kann trotzdem eiskalt in ihrem Inneren sein.

Ich modelliere jede Figur von Hand, frei, ohne Form. Es gibt also jede nur einmal, wie ja auch jeder Elf etwas Einmaliges ist. Es gibt keine zwei, die sich vollständig ähneln. Sie können sich gern selbst davon überzeugen, z. B. unter http://www.grovers.info.de oder auf einer meiner Ausstellungen.

Literatur

Tolkiens „Der Herr der Ringe"

1954 ist eines der wichtigsten Jahre für die Anderwelt. Damals erschien das Buch *„Der Herr der Ringe"*, mit dem sein Schöpfer John Ronald Reuel Tolkien zum Begründer der modernen Fantasy-Literatur wurde. Das breit angelegte Epos über die Geschicke des fiktiven Kontinents Mittelerde und seiner Wesen entführt den Leser in eine Parallelwelt, die bis heute einzigartig in ihrer detaillierten Ausarbeitung ist.

Ursprünglich als Fortsetzung des Kinderbuchs *„Der kleine Hobbit"* geplant, wurde aus dem *„Herr der Ringe"* eine fast 1300 Seiten starke Trilogie, die inzwischen bereits in mehr als dreißig Sprachen übersetzt wurde. In Deutschland gibt es sogar zwei verschiedene Übersetzungen. Dem Leser bleibt es anheim gestellt, ob er die alte Fassung von Margaret Carroux oder Wolfgang Kreges Neuübersetzung bevorzugt.

Mit einigen Unterbrechungen arbeitete Tolkien über siebzehn Jahre an diesem Werk, in dem die Elfen nicht verniedlicht und nicht verdammt werden, sondern so sind, wie sie in alter Zeit gewesen waren. Wie kam es aber dazu?

Die meisten Fantasy-Autoren erfinden zuerst ein Fantasiewesen und geben ihm dann einen Namen und einen bestimmten Charakter. J. R. R. Tolkien ging den umgekehrten Weg. Als er 1903 mit 11 Jahren ein Stipendium an der King-Edward-School erhielt, entdeckte er seine Leidenschaft für Sprachen, insbesondere für das Angelsächsische. 1910 wechselte er ans Exeter College in Oxford. Die folgenden Jahre studierte er an der Universität Englische Sprache und Literatur. Daneben interessierten ihn noch die keltischen und skandinavischen Sprachen. Der fremde Klang dieser Sprachen inspirierte ihn im Lauf der Zeit dazu, selbst eine ganz neue Sprache zu ersinnen. So entstand schon während seines Studiums das grammatikalische Gerüst für die Sprachen Sindarin und Quenya, ehe auch nur ein einziger Elb in Tolkiens Fantasie umhergeisterte. Später, nach dem Krieg, in seiner Zeit als Lektor und später als Professor für Anglistik an der Universität Leeds und in Oxford erhielten diese Sprachen schließlich ihre jetzt bekannte Form.

Professor Tolkien war Linguist mit Leib und Seele, dem obendrein das alte England und seine Geschichte am Herzen lagen. Die Mythologie, die er nach und nach für Mittelerde entwickelte, hat folgerichtig auch auffallende Ähn-

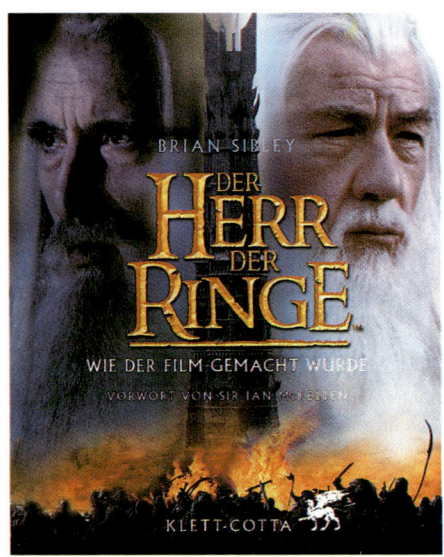

Die weltberühmte Fantasy-Trilogie „Der Herr der Ringe" von J.R.R. Tolkien wurde bereits in mehr als 30 Sprachen übersetzt und bildet die Grundlage für drei Abend füllende Kinofilme. Regisseur Peter Jackson ist es mit bislang unübertroffenem technischen Aufwand gelungen, der detailreichen Fantasiewelt Tolkiens gerecht zu werden.

lichkeiten mit der der Britischen Inseln. Selbst gewisse Landschaften erinnern ein bisschen an Großbritannien.

Des Weiteren machte er Anleihen bei der Kalevala und der Edda. Die Namen der dreizehn Zwerge z. B., die im „Kleinen Hobbit" losziehen, um ihren Schatz zurückzuholen, stammen alle aus der Prosa-Edda, der Sammlung altisländischer Göttergeschichten von Snorri Sturluson. Gandalf findet sich übrigens auch dort, wenn auch nicht als Zauberer, sondern als weiterer Zwerg. Es ist Sturluson, der den Begriff Elb und die Einteilung in Licht- und Dunkelelb zum ersten Mal benutzt. Und bei ihm kommt auch ein Ring vor, der unheimliche Macht birgt.

J. R. R. Tolkien gilt als Erfinder der Fantasy-Literatur, wie wir sie heute kennen. Natürlich gab es auch schon vor ihm großartige Schriftsteller, die einen ähnlichen Weg eingeschlagen hatten, Lord Dunsany zum Beispiel oder Lewis Caroll. Aber Tolkien traf mit seinem „Ring" ins Herz, hob seine Geschichte über das Märchenhafte hinaus zu etwas ganz Eigenständigem. Seine Nachfolger sind Legionen. Allerdings ist die Fantasy auch zugegebenermaßen ein weites Feld. Praktisch alles, was mit Übernatürlichem zu tun hat, wird in diese Schublade gesteckt.

Lassen Sie mich dazu Beth Meacham (Cheflektorin beim Fantasy-Verlag Tor Books) zitieren. Sie unterteilte einmal bei einem Interview die Fantasy in drei Kategorien:

„Die erste ist *Horror*. Sie wurde zu einem bedeutenden Segment des Marktes und wird von allen anderen Spielarten der Fantasy abgegrenzt, obwohl sich literarische Werte überschneiden. Wenn Stephen King einen Science-Fiction-Roman schreibt, wird er trotzdem als Horror vermarktet, von den Lesern als Horror gekauft und mit größtem Vergnügen von Leuten gelesen, die ‚keine Science-Fiction lesen'.

Die zweite ist *Genre-Fantasy* wie die guten alten High-Fantasy- und Sword-and-Sorcery-Reihen. Diese betrachte ich als romantisch verklärten Eskapismus und dadurch charakterisiert, dass der Held oder die HeIdin durch das Eingreifen einer übernatürlichen Macht gerettet wird – der Subtext dieser Bücher handelt für gewöhnlich davon, dass man seine eigenen Begierden im Dienste eines anderen zurückstellen muss und dadurch reifer wird.

Zuletzt haben wir eine Gruppe literarisch höchst anspruchsvoller und (normalerweise) sehr erfindungsreicher und schrulliger Bücher, die lediglich Elemente des Fantastischen gemein haben und sich nicht so leicht klassifizieren lassen. Beispiele wären John Crowleys „Little Big", die Romane von Thorne Smith, Pat Murphys „The Falling Woman", Tom Disch, Italo Calvino, Borges, Fuentes ... Sie können sich Ihre eigene Liste zusammenstellen.

Das Problem besteht darin, dass zwar eine klare Trennlinie zwischen

Horror und allem anderen gezogen wurde, aber keine Marketing-Unterscheidungen getroffen werden zwischen *Genre-Fantasy* und dem, was ich als zeitgenössische Fantasy bezeichne (auch wenn es eine schlechte, in vieler Hinsicht irreführende Bezeichnung ist). Es gibt wirklich keine Möglichkeit, wie der Leser wissen kann, was sich zwischen den Buchdeckeln abspielt …"

Um das Wirrwarr perfekt zu machen, gibt es auch noch die so genannte *Dark-Fantasy* und den *Splatter*, schrecklich brutalen Horror. Am besten also, man versucht sich gar nicht erst an einer Einteilung und wendet sich lieber den Autoren zu - und den Autorinnen. Da gibt es nämlich eine ganze Menge: Judith Tarr, Sherri Tepper, Barbara Hambly und Esther Friesner, Ina Kramer und Lena Falkenhagen, um nur einige zu nennen. Eine der bekanntesten ist Marion Zimmer Bradley – oder Jo Fletcher, die Mitbegründerin der *British Fantasy Society*.

Bei den Männern muss auf jeden Fall David Eddings mit seiner „*Belgariad-Saga*" erwähnt werden und Fritz Leiber, einer der ganz Großen mit seinem Schwerter-Zyklus, Tom Holt mit seiner recht eigenwilligen Fantasy, Clark Ashton Smith, Mike Moorcock, Steve Donaldson, Robert Asprin, Hans Joachim Alpers, Bernhard Hennen, Ulrich Kiesow, Wolfgang Hohlbein – die Liste ließe sich noch endlos fortsetzen.

Eine Sparte der Fantasy habe ich noch nicht erwähnt – die humorvolle. Und hier überragt einer alle anderen an Fantasie, Witz und Niveau heraus: Terry Pratchett.

Terry Pratchett's Scheibenwelt

Sein Haar wird langsam dünn und mit seiner Brille und seinem Bart ähnelt er ein bisschen einem zu groß geratenen Gnom. Er lebt in England, ist Humorist und Fantast zugleich und er ist wahrscheinlich der einzige Mensch auf der Erde, der heutzutage noch behauptet, dass die Welt eine Scheibe ist.

Die Rede ist von Terry Pratchett und seinem Scheibenwelt-Zyklus, von dem bis jetzt 26 Bücher erschienen sind. Und ein Ende ist nicht in Sicht. Pratchetts Welt heißt nicht nur so, sie ist wirklich eine Scheibe. Ziemlich merkwürdig erscheint sie einem, wie sie auf dem Rücken der Schildkröte Groß-A'Tuin durch das Multiversum schwebt und Schauplatz der kuriosesten Geschichten mit den merkwürdigsten Kreaturen ist.

Pratchett verstößt gegen die Erwartungshaltungen und Schablonen der zur Trivialität herabgesunkenen Fantasy, die er geschickt parodiert. So gibt er dem Leser ein völlig anderes Bild der wohl bekannten Fantasiegestalten. So sind die Lords and Ladies, wie er die Elfen nennt, hinterlistige Zauberwesen, die in die Kerkerdimensionen verbannt wurden und von dort auszubrechen versuchen. Zwerge haben einen eigenartigen Ehrenkodex und überhaupt nur Gold, Gold, Gold im Kopf und Hexen verfügen durchaus auch über gute Seiten. Kriege müssen vermieden werden, weise Zauberer sind ratlos, Helden hilflos. Die Menschen, in der üblichen Fantasy klar in Gut und Böse aufgeteilt, werden bei Pratchett zu gemischten Charakteren, haben Fehler und Schwächen, können aber auch über sich hinauswachsen

Allein schon durch die Personifizierung des Todes erschafft Pratchett einen der komplexesten und auch einen der sympathischsten Charaktere der Scheibenwelt. Der Tod steht außerhalb des Lebens, logisch. Aber er ist auch so fasziniert davon, dass er immer wieder versucht, es kennen zu lernen und zu begreifen. Man sollte meinen, das wäre ihm inzwischen gelungen, da er ja bereits überall war und schon existiert, seitdem es das Leben gibt, aber verstanden hat er es deshalb noch lange nicht.

Pratchetts Geschichten sind abwechslungsreich, spannend und unterhaltsam. Sein Witz spielt dabei gekonnt auf zwei Ebenen. So kann sich auch ein Leser amüsieren, der keine Ahnung von Trollen, Gnomen und Kobolden hat, und auch der hat Spaß, der nicht das Buch gelesen hat, auf das der Autor gerade anspielt. Dabei kann es sich genauso um Lovecraft, Shakespeare, die Gebrüder Grimm, die Mandelbrot-Funktion oder die Chaostheorie handeln. Bei den vielfältigen Anspielungen ergibt sich ein weites Feld für Pratchetts Humor: Subtil, wo er es sein muss und überschäumend, wo er kann. Er wird niemals zum Klamauk und zielt nicht unter die Gürtellinie. Eine Gratwanderung, die sonst nicht jedem gelingt.

Pratchett schreibt nicht nur Fantasy, er schafft eine liebevoll satirische Parallelwelt voller Menschlichkeit. Den Titel *„Dickens des 20. Jahrhunderts"* trägt er ganz und gar zu recht.

In jüngster Zeit wurde die Riege der Fantasy-Autoren um eine weitere Frau verstärkt:

J. K. Rowlings und ihr Harry Potter

Zugegeben, das erste Buch um den Zauberlehrling Harry Potter, *„Der Stein der Weisen"* war zwar großartig, in Bezug auf Elfen aber nicht sehr ergiebig. Ein einzelner Troll spielte mal in einer Szene mit, das war's dann aber auch schon wieder. Aber bereits Teil 2, *„Die Kammer des Schreckens"*, führte Dobby ein, einen Hauself mit einem ausgeprägten Gerechtigkeitssinn und dem Hang zu helfen, auch wenn er dabei mit seiner traditionellen Familienverpflichtung in Konflikt gerät. Denn es ist Sitte bei den Hausgeistern, dass man dem Haushalt, dem man dient, bedingungslos und

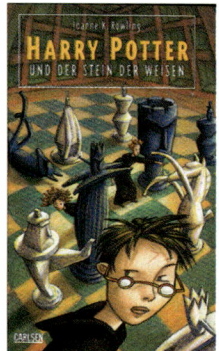

Joanne K. Rowlings: Harry Potter 1 - 4
In „Der Kammer des Schreckens" führt die Autorin den treuen Hauself Dobby ein, der Harry mit Rat und tat zur Seite steht.
Umschalgsillustrationen von Sabine Wilharm, Carlsen Verlag Hamburg.

unter allen Umständen die Treue hält. Und mit Traditionen ist nicht so leicht zu brechen. Deshalb gibt Dobby Harry zwar ein paar wertvolle Tipps und verrät so manche Schandtat, ohrfeigt sich dann aber zur Strafe für den Loyalitätsbruch selbst dafür.

Überhaupt ist er eine faszinierende, facettenreiche Figur. Er ist begeisterungsfähig, hat nah am Wasser gebaut, ist ein treuer Freund, ängstlich und schlau. Mit seinem Drang, das Richtige zu tun und sich dann selbst dafür zu bestrafen, könnte er fast schon eine Figur Dostojewskis sein.

In Band 4 entwickelt er dann den Ehrgeiz, das Hausgeistertum zu revolutionieren. Dobby möchte auf Gehaltsbasis mit Urlaubsanspruch arbeiten! Dass er damit ziemlich allein dasteht, stört ihn – zumindest nach außen hin – wenig. Tapfer kämpft er weiter gegen anerzogene, ja geradezu eingeimpfte Verhaltensweisen an. Wünschen wir ihm, dass er Erfolg haben wird. Und dass er andere Hausgeister von seinen Plänen überzeugen kann. Da wäre z. B. seine Freundin Winky, die unter tragischen Umständen ihre Stellung als Hauself bei der Familie Crouch verliert. Anders als Dobby sieht sie das nicht als Herausforderung, sondern fängt vor lauter Kummer an, Butterbier zu trinken.

J. K. Rowlings zeigt hier, dass sie nicht nur mit den Volksbräuchen hinsichtlich Hausgeistern vertraut ist – auch bei ihr bedeutet es Entlassung, einem Hausgeist Kleider zu schenken – sondern sie entwickelt das Ganze auch noch mit viel Fantasie weiter, etwa indem ein Teewärmer als Kleid dienen muss, denn wenn ein Hausgeist keine Kleidung gestellt bekommen darf, was soll er dann anziehen? Und Dobbies Zwiespalt, der sich dadurch äußert, dass er sich selbst ohrfeigt, ist amüsant geschildert, lässt aber gleichzeitig tief blicken.

Hoffentlich dürfen auch in ihrem fünften Buch die Elfen eine Rolle spielen.

Bei einem anderen Jungen spielen sie übrigens bereits eine große Rolle: Der von Eoin Colfer erdachte Artemis Fowl, ein zwölfjähriger Millionärssohn mit ungewöhnlichen Zielen schlägt sich nun schon zwei Bücher lang mit Elfen herum. Anders als Harry Potter hat er selbst keinerlei magische Fähigkeiten, dafür aber ein besonderes Talent für Technik, die finanziellen Mittel, diese Technik auch zu beschaffen und die nötige Skrupellosigkeit – man möchte ihn liebend gern übers Knie legen. Während es also Probleme gibt, sich mit dem Helden zu identifizieren, sind die Elfen durchaus gelungen. Sie sind aufmüpfig, schlitzohrig, ängstlich oder pflichtbewusst bis zum Äußersten – und auch mal alles zusammen. Keine Frage, die Sympathie liegt hier eindeutig bei den Elfen.

Und noch ein Elf wurstelt sich schon seit mehreren Büchern durchs Leben: Twig, der Held der „*Klippenland-Chroniken*" von Paul Steward und Chris Riddell. Klippenland ist eine sehr eigenwillige Welt und Twig, das Findelkind, passt so gar nicht hinein. Die Geschichte hinkt an ein paar Stellen und manchmal werden einem die zahlreichen feindlichen Wesen einfach zu viel. Aber die Bilder von Chris Riddell sind ein Traum.

Film und Fernsehen

Seit Walt Disneys erstem abendfüllenden Zeichentrickfilm „*Schneewittchen*" hat wohl jeder, sobald er an Zwerge denkt, erst einmal kleine Männer mit Bäuchlein, Knubbelnase und großen Mützen vor Augen, die „Heiho"-singend und pfeifend im Gänsemarsch daherkommen. Und mal ehrlich, wenn Sie die Augen schließen und an Elfen denken, schwirrt da nicht als Erstes ein süßes, kleines Wesen wie Tinkerbell aus Disneys Zeichentrickfilm „*Peter Pan*" daher? Wem würde es da auffallen, dass die Disney-Zeichner niemand Geringeren als Marilyn Monroe als Modell für die kleine Elfe nahmen. Disneys Fee in „*Cinderell*" ist so bekannt, dass kaum noch einer weiß, dass im Grimm-Märchen gar keine Fee vorkommt, sondern ein wundertätiger Baum. Und seit „*Arielle*" erwartet man rothaarige Nixen und coole blaue Djinns seit „*Aladin*". Niemand hat unsere Meinung über das Aussehen der Naturgeister so beeinflusst wie Walt Disney.

Pumuckl, der Kobold mit den roten Haaren, ist zumindest in Deutschland ähnlich stilbildend. Er wurde 1961 von Ellis Kaut erdacht und hatte bereits 1963 eine erste Hörspielserie beim Bayerischen Rundfunk. Ab 1965 gab es die Pumuckl-Buchreihe. Sein Aussehen hat er übrigens von Barbara von Johnson, die ihn 1982 für den Kinofilm ,*Meister Eder und sein Pumuckl*' ent-

Links: „Schneewittchen und die sieben Zwerge"
(Walt Disney, USA 1973)

Rechts: Die kleine Elfe Tinkerbell im Zeichentrickfilm „Peter Pan – Neue Abenteuer im Nimmerland"
(Walt Disney, USA 2002).

warf – aber für die Fernsehserie, die erstmals 1983 ausgestrahlt wurde und immer wieder auf wechselnden Sendern wiederholt wird, hat Brian Bagnall den Kobold gezeichnet. Inzwischen hat der rothaarige Kerl sogar die Bühne erobert. Er ist so bekannt, dass viele den Begriff Kobold mit dem Namen Pumuckl gleichsetzen – und umgekehrt.

Auch die Augsburger Puppenkiste wirkte auf unsere Vorstellungen ein, als sie 1970 den Vierteiler „*Kleiner König Kalle Wirsch*" nach der Buchvorlage von Tilde Michels ins Fernsehen brachte. Von da an wusste jeder, wie die Erdmännchen und ihr König Kalle Wirsch aussehen und welche Fähigkeiten sie haben – eine andere Person schrumpfen zu lassen.

Elfen und Fantasy gibt es aber nicht nur als Zeichentrick und Puppenspiel. Sie wurden auch immer wieder mal real verfilmt, mal so lieblos wie im „*Trollkönig*" – bei dem es im Übrigen gar nicht um einen Troll, sondern um einen Leprechaun geht, mal so fantasievoll wie in „*Willow*".

Und der perfekt animierte Dobby im Kinofilm „*Harry Potter – die Kammer des Schreckens*" mit seinen Fledermausohren wird z. B. sicherlich die Vorstellungen von einem Hausgeist nachträglich beeinflussen. Aber die Ursprünge solcher Elfen liegen viel weiter zurück:

Der Dunkle Kristall

Einen Meilenstein in der Weiterentwicklung des Fantasy-Genres setzte „*Der Dunkle Kristall*", der noch heute ein Kultfilm ist. Dieser Film entstand 1982 und sorgte unter Fantasy-Fans für Furore: Noch nie zuvor war ein derart aufwändiger Film ausschließlich mit Puppen gedreht worden. Produktion und Regie lagen in den Händen Jim Hensons, der ja allen spätestens seit den *Muppets* ein Begriff sein dürfte. Die Puppen selbst wurden diesmal aber nicht von ihm erdacht, sondern von dem bereits erwähnten Brian Froud und dessen Frau Wendy.

Zusammen brachten die drei es fertig, eine skurrile Welt zu erschaffen, liebevoll ausgestaltet bis ins kleinste Detail. Die Stunden und Tage, die man sich Zeit nahm, bis jede – auch die kleinste – Figur sich so bewegte, wie sie es sollte, ist dem Film anzumerken: Nichts ruckelt, keine Geste ist abgehakkt, nie entsteht beim Zuschauer der Eindruck, eine Maschine vor sich zu haben. Alles erscheint natürlich. Und die Vielfalt der Wesen ist geradezu überwältigend.

Die Story ist denkbar einfach – zumindest auf den ersten Blick:

Junger Mann (der „Gelfling" Jen), anscheinend der Letzte seiner Art, ist auserkoren, die Welt vor dem Bösen zu retten. Bei dieser Mission trifft er auf

© Cinetext Bildarchiv

Elfen-Puppe von Wendy Froud im Film „Der dunkle Kristall" (USA 1982)

weiblichen Gelfling (er ist eben doch nicht ganz der Letzte); beide erleben zahlreiche Abenteuer, zum Schluss „heilt" der Held den vor langer Zeit geborstenen magischen Kristall, der den Frieden garantiert, und alle sind glücklich. Aus.

Aber ganz so einfach ist es nicht. Hier geht es nicht darum, dass das Gute das Böse besiegt. Es stellt sich vielmehr heraus, dass die Guten (die milden Urru) und die Bösen (die widerlichen Skeksis) Teile eines großen Ganzen sind, das gespalten wurde und das es wieder zu vereinen gilt. Die Balance zwischen den Kräften ist das Entscheidende. Und damit unterscheidet sich der Film, ganz abgesehen von seiner prachtvollen Ausstattung, von den meisten anderen Werken des Fantasy-Genres.

Weitere Filme

Ein weiterer Film der Sonderklasse entstand 1985 mit „Legende" unter der Regie von Ridley Scott. Tom Cruise ist hier in einer seiner ersten größeren Rollen zu sehen. Er ist der Held Jack, der den grausamen Herrn der Dunkelheit (ein großartiger Tim Curry) daran hindern muss, die Welt in ewige Finsternis zu tauchen. Der Bösewicht will das bewerkstelligen, indem er das letzte Einhorn tötet. Da sich dieses aber nur durch Jungfrauen fangen lässt, wird die holde Prinzessin Lily (Mia Sara) entführt. Sie soll das Einhorn anlocken und nach gelungener Prozedur den Bösewicht ehelichen. Das wissen aber Jack und sein Elfenfreund Gump (David Bennent) zu verhindern. Gemeinsam mit der Elfe Oona (Annabelle Lanyon) und einigen Gnomen dringen sie in das unterirdische Reich der Finsternis ein. Zusätzliche Schwierigkeiten bahnen sich an, als Oona sich in Jack verliebt und ziemlich eifersüchtig auf Lily wird. Letztendlich aber gelingt es, den Fürsten der Finsternis mit dem Licht der Sonne zu blenden und damit zu vernichten. Und so kann Jack Jungfrau und Einhorn befreien und damit die Welt retten.

1986 entstand ein noch ein herausragender Film: „Die Reise ins Labyrinth", den es seit November 2002 auch auf DVD gibt. Das Buch dazu stammt von niemand geringerem als Terry Jones (Ex-Monthy Python). Und dass Jim Henson Regie führte, merkt man sofort. Die 15-jährige Sarah (Jennifer Connelly) ist genervt von ihrem kreischenden Baby-Bruder Toby (Toby Froud, der Sohn von Brian und Wendy Froud). Deshalb wünscht sie sich, dass eben dieses Brüderchen von den Kobolden geholt wird. Und der mächtige Koboldkönig Jareth (ein geradezu unverschämt gut aussehender David Bowie) holt Toby tatsächlich in sein Zauberschloss. Sarah hat nur 13 Stunden, um Toby zurückzuholen. Aber um in das Schloss zu gelangen, muss sie durch ein Labyrinth, bevölkert mit lebenden Felsen, sanften Monstern, bösartigen

© Cinetext Bildarchiv

Anabelle Lanyon als Elfe in dem Film „Legende" (England 1985).

Feuerköpfen, hinterlistigen Wurzelwichten – und zum Glück ein paar hilfreichen Freunden, natürlich auch alles Elfen. Bis auf wenige menschliche Darsteller besteht die Besetzung aus Puppen – alle von Jim Henson. Und das Schloss des Königs wurde eindeutig bei M.C. Escher abgeschaut.

Es würde zu weit führen, alle anderen Filme aufzuführen, die mit den Jahren gedreht wurden, wie etwa den gelungenen Zweiteiler *„Krieg der Elfen"* mit Colm Meany als schlitzohrigem Leprechaun. Letztlich gäbe das nur eine lange, ermüdende Liste.

Kommen wir also gleich zu der jüngsten Entwicklung. Dezember 2001 sah einen neuen Höhepunkt des Fantasy-Films:

Der Herr der Ringe

Jeder Band von Tolkiens Trilogie bildete die Grundlage für drei abendfüllende Filme. Der erste Teil kam am 20. 12. 2001 in die Kinos. Der zweite Teil lief am 18. 12. 2002 an und der dritte Teil ist für Dezember 2003 geplant (glücklicherweise wurden bereits alle drei Teile als Ganzes mit einer Besetzung abgedreht, sodass Probleme mit dem Alter oder anderweitigen Verpflichtungen der Darsteller gar nicht erst auftreten konnten).

Drei Jahre lang war allein an den Drehbüchern gearbeitet worden. Regisseur Peter Jackson gelang es, Bildfantasien heraufzubeschwören, die bislang an Tricktechnik und Aufwand ohne Beispiel sind. Gedreht wurde die aufwändigste Filmproduktion aller Zeiten in 274 Tagen an rekordbrechenden 64 Sets in Neuseeland, wo man anscheinend jede erdenkliche Art von Landschaft finden kann. Mit der Nachbearbeitung in den Trickstudios und dem Schnitt kamen dann insgesamt zwei Jahre Filmarbeit zusammen.

Das Heer der Schauspieler und Komparsen musste sich im Vorfeld einem umfangreichen Training unterziehen. Fechtszenen wurden einstudiert, einige Darsteller mussten erst noch Reiten lernen – und für manche gab es Unterricht in Elbensprache. 900 Rüstungen, 2 000 Waffen, 100 Spezialwaffen, 1 600 Paar Fuß- und Ohrprothesen für die Hobbits und die Elfen in individuellen Größen galt es zu fertigen. Dazu kamen jede Menge Kostüme, an denen 50 Schneider arbeiteten, um den Film optisch perfekt zu machen. Das Ergebnis ist eine Bilderflut und -wucht, die Tolkiens Einfällen und Vorstellungen gerecht wird.

Auch wer *Special Effects* mit ihrer Effekthascherei nicht schätzt, wird feststellen, dass solche Tricks sich in einen Film einfügen können, statt ihn zu erschlagen. Denn hier wurde kein Film für die Effekte geschrieben, sondern Bildentsprechungen für Tolkien gesucht und gefunden.

Werbung

Vor Kino- und mitten in Fernsehfilmen: Werbung. Und auch dort haben sich die Elfen etabliert. Namen wie *Fairy* oder *Ariel* suggerieren allein schon, dass bei Verwendung dieses Produkts sofort und wie von Zauber- bzw. Elfenhand wieder alles sauber wird. Und wenn das nichts hilft, wird eben der *Weiße Riese* bemüht, um Fleckenzwergen den Garaus zu machen.

Elfchen flattern durch die Lüfte, wenn ein Luftverbesserer am Werk ist und eine weiß gekleidete Kräuterfee mit Goldhaar schwebt neben der Underbergflasche mit dem wohltuenden Kräutergetränk und wacht mit ausgestreckten Armen darüber, dass auch bestimmt alle besonders wirksamen Kräuter in das Stilglas rieseln.

Da soll noch mal einer sagen, Elfen und Feen seien nicht anpassungsfähig und gingen nicht mit der Zeit.

Elfen und Feen sind in vielen Bereichen der Werbung nicht mehr wegzudenken.

Tourismus

Elfen leben überall – seien es nun Kobolde, Zwerge, Trolle oder Naturgeister. Aber in manchen Orten sind sie leichter aufzustöbern – etwa in Irland, Wales und Island.

In Islands Hauptstadt Reykjavik gibt es nicht nur haufenweise Elfen, sondern auch eine Elfenschule, eine „Álfaskólin". Seit 1995 existiert diese weltweit einzigartige Institution. Sie ist in einem unauffälligen Bürogebäude in der Vegmuli 3, einer Reykjavíker Vorstadtstraße, untergebracht. Das Angebot richtet sich, nach Aussage ihres Leiters, Direktor Magnús Skarphédinsson, vornehmlich an Besucher aus anderen Ländern, die etwas über die Beziehungen zwischen Elfen- und Menschenwelt erfahren möchten.

Island ist auch das einzige Land, das eine eigene Elfenbeauftragte, Erla Stefánsdóttir, hat. Sie sorgt dafür, dass die Wohnorte der Elfen nicht zerstört werden. Im Auftrag der Stadtverwaltungen fertigt sie Karten mit Elfenvorkommen, an die man sich bei Bauarbeiten auch halten sollte. Am Álfholtsvegur, dem Elfenhügelweg in Kopavogur, führten die Verantwortlichen ihre Straße extra in einem bizarren Schlenker nach links, um sich nicht den Ärger der Elfen einzuhandeln. Und in Grundafjördur haben die Elfen sogar eine eigene Hausnummer bekommen, die Hausnummer 84 – für einen Hügel, der zwischen zwei bebauten Grundstücken liegt.

Eine Missachtung der Elfen könne schlimme Folgen haben, erklärt die Elfenbeauftragte. Dann könne es schon mal passieren, dass Baggerschaufeln kaputtgehen, Menschen erkranken oder Hühner sich weigern, Eier zu legen.

Dreizehn verschiedene Typen von ihnen hat die medial veranlagte Erla Stefánsdóttir in Island bisher ausgemacht. Manche würden die 1,73 m große Dame um ein Vielfaches überragen, sagt sie selbst, so die Berggeister mit ihren gut zwanzig Metern, andere könne man kaum sehen, wie etwa die Gnome, die vielleicht zehn Zentimeter groß sind. Erla Stefánsdóttir hat nach eigenen Angaben regelmäßig Kontakt zu diesen Wesen.

Elfenschulen und Elfenbeauftragte findet man sonst nirgends auf der Welt.

Aber Führungen und Exkursionen sind gar nicht mal so selten. Hier nur ein paar Beispiele:

Tanis Helliwell, die Autorin von *„Elfensommer"*, organisiert Reisen zu Naturgeistern in ihrer Heimat Vancouver, Canada.

Großbritannien wimmelt geradezu von Orten und Führungen zu den verschiedensten *Fairies*. Inzwischen hat auch das Britische Tourismuscenter darauf reagiert und ein eigenes Faltblatt für mystische Orte herausgebracht.

In Berlin gibt es eine Führung, bei der Elfchen, die in Blüten leben, vorgestellt werden, und der Führer erzählt über seine Erlebnisse mit Elfen. Das Ganze endet am Grabmal der Brüder Grimm.

Der niederländische Freizeitpark in Efteling hat eine seiner vier Welten ganz und gar den Elfen verschrieben.

Etwas kleiner ist das *„Reich der Elfen"* im Europa-Park bei Rust, durch das man z. B. mit dem Floß schippern kann.

Auch der belgische Freizeitpark *„Six Flags Belgium"* bietet Ausflüge ins Feenreich.

Hindelang in den Allgäuer Alpen bietet Führungen ins Hintersteiner Tal an, die einen zu den Wohnorten der Wilden Fräulein und der Wildfängl bringen.

Die Reichelsheimer Märchen- und Sagentage locken jährlich viele Besucher mit einem interessantem Programm.

Berlin und Reichelsheim/Odenwald ziehen jedes Jahr viele Besucher an mit ihrem reichen Angebot bei den Märchen- und Sagentagen – Reichelsheim Ende Oktober und Berlin Ende November.

Einen ähnlichen Erfolg verzeichnet auch Wetzlar mit seinen von der dortigen *„Phantastischen Bibliothek"* veranstalteten Tagen zu diesem Thema.

Spiele, Vereine, Strömungen, Internet

Spiele allgemein

In den Spielwarenabteilungen der Kaufhäuser finden sich *Barbie-Puppen* als Meerjungfrau mit Fischschwanz oder im weißen Tüllkleidchen als Zuckerfee – die aus der berühmten Nussknackersuite von Peter Tschaikowsky – komplett mit Poster und eigenem Videofilm über das Märchen, das der Suite zugrunde liegt: Ein Prinz wird vom Mäusekönig in einen Nussknacker verwandelt und muss erlöst werden. Polly Pocket präsentiert sich als geflügelte Elfe mit einem Karussell, das als „Flugschule" fungiert. Dann gibt es da noch Tarotkarten mit Zwergen-, Elfen- und Feenmotiven und natürlich auch „Elfen-Quartette". Und spätestens seit der Verfilmung von „*Der Herr der Ringe*" wimmelt es nur so von Puzzles mit entsprechenden Motiven, Brettspielen für zwei oder mehr Personen zum Thema „Herr der Ringe" oder „Der Kleine Hobbit", dem anderen berühmten Tolkienwerk.

Aber auch vor der „Ring-Welle" waren die Elfen stets zum Spielen bereit. Ob als Familienspiel, wo Trolle um die Wette laufen, als Spiel für Kinder, bei dem man einem Kobold einen Schatz abjagen muss, oder für Erwachsene – z. B. bei einem der zahllosen Computerspiele, ob Adventure oder Jump-´n´-Run. Der Gameboy ist da genauso elfeninfiziert, wie Schach- oder Mensch-ärgere-Dich-nicht-Spiele. Es ist bestimmt für jeden was dabei.

Eine ganz besondere Gattung in dieser Masse sind aber die

Rollenspiele

Was ist nun ein Rollenspiel? Zunächst einmal spielt die Handlung stets in einer Fantasie-welt. Die teilnehmenden Spieler übernehmen, vereinfacht ausgedrückt, Rollen von fiktiven Personen, die eine Aufgabe lösen müssen, z. B. ein magisches Kleinod finden, um eine Bedrohung für das Reich, in dem sie leben, abzuwehren. Ein Spielleiter, auch Meister genannt, beschreibt den Spielern, was ihre Personen in dieser fiktiven Welt vorfinden und welche Gefahren auf sie zukommen. Die Spieler entscheiden, wie ihre Helden die jeweilige Gefahr, etwa den Angriff eines Drachen oder eines Riesenkobolds, meistern sollen. Meist wird mit dem Würfel entschieden, ob der Held siegt oder unterliegt. Je nach Ergebnis beschreibt der Spielleiter die Folgen, der Spieler lässt seine Figur darauf reagieren usw. Das dauert an, bis die Spieler keine Lust mehr haben oder die Aufgabe gelöst ist.

Als 1981 die Spielserie „Midgard" mit ihrem ersten Spiel auf den Markt kam, war die Verblüffung des Publikums groß: Kein Spielbrett, keine Spielfiguren, nur ein Buch mit einer Einleitung der fiktiven Handlung, zwei Würfel und dann noch einen so genannten Schicksalswürfel, blau mit ziemlich vielen Seiten. Die Serie gibt es auch heute noch, allerdings spielt sie in letzter Zeit eher eine untergeordnete Rolle. Ein „Comeback" ist aber durchaus möglich, denn 2002 erfolgte eine komplette Überarbeitung und Neugestaltung.

Seit 1984 kann man auch im Land Aventurien der Reihe „Das Schwarze Auge" zahlreiche Abenteuer bestehen. Diese Serie ist neben „Dungeons & Dragons" wohl zur Zeit eine der bekanntesten. Inzwischen existiert nämlich eine ganze Menge dieser Rollenspiele. Für die, die optische und akustische Anreize brauchen, gibt es seit längerem schon Versionen für den Computer. Man kann sie allein oder mit Freunden spielen. Für das Solospiel gibt es auch speziell aufgebaute Spielebücher, in denen das Blättern zu einer bestimmten Seite den Spielleiter ersetzt. Manch ein Spiel dauert nun schon Jahre an, aber das ist, glaube ich, auch so gewollt. Es gibt Conventions, Magazine in Heftform oder im Internet, Game-Portale und Fansites. Diverse Spielekonsolen bieten die unterschiedlichsten Spiele, inzwischen bereits mit einer hervorragenden Grafik. Mittlerweile kann man sogar weltweit online im Internet spielen, etwa bei Spielen wie „Dark Age of Camelot", wo die fiktive Welt in mehrere Länder mit unterschiedlichen Einwohnern aufgeteilt ist. Die Elfen leben z. B. im irischen Hibernia.

Nicht immer geht es dabei um Feen oder Kobolde. Manchmal kommen zwar welche vor, sind aber nicht als solche wieder zu erkennen. Aber neben Drachen, Hexen (die inzwischen auch nicht mehr alt und hässlich sind) und Zauberern haben sie eine festen Platz in diesem Genre.

Vereine, Clubs

Das Vereinswesen macht auch vor der Anderwelt nicht Halt. Zahllose Vereine, eingetragene oder nicht, widmen sich vor allem der Pflege des Rollenspiels und der Fantasy-Literatur.

Allen voran der Erste Deutsche Fantasy Club mit Sitz in Passau. Dort

Dreimal im Jahr informiert der „Freundeskreis Anderwelt" mit einem Newsletter über Wissenswertes zum Thema Elfen und Feen.

erscheinen regelmäßig Publikationen für Fantasy-Interessierte, darunter das Magazin „Magira".

Weitere Clubs sind z. B. Fantasy Club e.V. in Büchlberg, Elfenwolf in Plettenberg, die Europäische Märchengesellschaft in Rheine, der Förderkreis Phantastik in Wetzlar e.V., der Marburger Verein für Phantastik oder der Fantasy & Science-Fiction Club in Düdingen, um ein paar der in Deutschland ansässigen zu nennen.

Im englischsprachigen Raum gibt es noch viel mehr davon, von der British *Fantasy Society*, über *Fionas Fairy Cottage* bis hin zur *Faerie Believers Society*. Die English Folklore Society beschäftigt sich auch nicht nur mit Trachten und alten Bräuchen – ihre jahrelange Präsidentin Katherine Briggs hat vielmehr mit die besten Bücher über Elfen geschrieben, die ich kenne.

Und dann ist da noch der Freundeskreis „Anderwelt". dessen Leiterin ich selbst bin. Der Freundeskreis ist ein Zusammenschluss von Menschen, die sich für Elfen, Kobolde, Trolle, Feen, Zwerge und all die vielen anderen Überirdischen interessieren. Dabei spielt es keine Rolle, welche Ambitionen den Einzelnen dazu veranlassen, jeder mit einem Faible für die Anderwelt ist uns willkommen. Dreimal im Jahr veröffentlichen wir einen Newsletter, der zum einen Informationen und Neuigkeiten zum Thema Elfen, Kobolde etc. bietet, zum anderen ein Forum für die Kreativität der Mitglieder ist. Neue Hexen finden sich genauso bei uns wie Ethnologen. Freunde der Fantasy-Literatur fühlen sich ebenso wohl wie Liebhaber der Nibelungensage.

Strömungen

Elfenglaube

Gibt es Elfen, Feen, Naturgeister wirklich? Auf jeden Fall gibt es Menschen, die felsenfest behaupten, dass sie schon Kontakt zu den Wesen der Anderwelt hatten. Und Menschen, die zwar selbst noch keinen Kontakt hatten, aber unerschütterlich an die physische Existenz einer Anderwelt und deren Bewohner glauben.

Zur näheren Erläuterung möchte ich Sigrid Lechner-Knecht, eine überzeugte Vertreterin des Elfenglaubens, aus ihrem Buch *„Das geheimnisvolle Reich der Naturgeister"* zitieren:

„Für diese Gruppe gibt es keine objektive, sondern nur eine phänomenale Wirklichkeit, die von unserer Wahrnehmung abhängt. Je eingeengter sie ist, desto enger ist die Wirklichkeit. So können zwar Sinnesorgane die

Umweltreize aufnehmen, aber ohne einen aktiven Bewusstseinsakt kommt es höchstens zu einer Impression im Unbewussten, nicht aber im Wachbewusstsein. Anders ausgedrückt, wer in einem „rationalen Panzer" steckt, hat für die Schwingungen der Zwischenwelt keine Resonanzmöglichkeit. Eine Korrelation zwischen objektivem Phänomen und subjektiver Erscheinungsweise besteht nur bei unbeeinflussten Menschen, wie z. B. Kindern, medial veranlagten Menschen und besonders sensitiven, wie z. B. Künstlern."

So weit, so gut.

Kontakt zur Anderwelt

In Irland genügt schon der Besitz eines vierblättrigen Kleeblattes, das man irgendwie und unabsichtlich auf dem Kopf trägt – etwa in einem Kranz – um „Elfen sehen" zu können.

Eine andere, etwas aufwändigere Möglichkeit wäre es, Hebamme zu werden und dann darauf zu warten, dass ein Elf, der mit einer menschlichen Frau verheiratet ist, einen zur Geburtshilfe holt, denn solche Geburten sind meist besonders schwer.

Damit dieses Kind von Elf und Mensch die Wesen der Anderwelt jederzeit sehen kann, müssen nach der Geburt seine Augen mit einer magischen Salbe bestrichen werden. Wenn dann keiner hinschaut, kann die Hebamme mit der Hand, an der noch Reste der Salbe kleben, über das eigene Auge streichen. Und schon kann dann auch sie „Elfen sehen".

Warum übrigens Hebammen unbedingt Elfen sehen wollten, bleibt genauso ungeklärt wie die Frage, ob die menschliche Mutter die Salbe auch jemals genutzt hat. Wenn nicht, konnte sie ihren Ehemann und dessen Freunde ja nur sehen, wenn er selbst das wollte – auf die Dauer eine etwas unbefriedigende Lösung.

Aber zurück zur Hebamme: Sie sollte es auf jeden Fall niemanden wissen lassen, wenn sie von der Salbe was abbekommen hat, denn sonst haucht der Kindsvater ihr auf dieses Auge und es erblindet.

Augen, die mit so einer Salbe in Berührung kamen, können aber nicht nur Elfen sehen, sie lassen sich auch nicht mehr durch Blendwerk täuschen. Die Geister sind nämlich meisterhafte Blender.

Um das deutlich zu machen, begleiten wir doch einfach mal so eine Hebamme:

Zuerst wird sie in einen Palast unter der Erde geführt, der vor Gold und

Edelsteinen nur so gleißt. In einem Nebenraum ruht auf einem Prunkbett unter seidenem Baldachin eine Frau voller Liebreiz – mal abgesehen davon, dass sie in Geburtsnöten ist. Das Kind wird glücklich entbunden, muss mit besagter Salbe eingerieben werden und natürlich juckt der menschlichen Geburtshelferin gerade jetzt das eine Auge. Sobald sie sich auf das Auge konzentriert, das etwas von der magischen Salbe abbekommen hat, sieht sie, dass die junge Mutter nur eine hagere Menschenfrau ist, weder besonders schön, noch besonders eindrucksvoll. Sie liegt auf einem armseligen Bett mit einer Strohmatratze in einer feuchten Höhle. Und der unirdische Kindsvater, der hinzutritt, ist nur ein ausgemergeltes Männchen, dabei schien er vorher noch jung und majestätisch. All die Pracht war nur Blendwerk.

Elfen werden auch sichtbar, wenn man sich in einen so genannten Hexen- oder Feenring stellt – das ist eine Stelle, an der Pilze kreisförmig wachsen. So ein Ring begrenzt für gewöhnlich einen der Tanzplätze der Elfen. Steht man außerhalb des Rings, ist alles ganz normal. Tritt man hinein, passiert wahrscheinlich auch nichts. Aber manchmal, besonders bei Vollmond, tanzen dann plötzlich allerlei Wesen um einen herum und man hört Musik – so süß, dass man unbedingt ein paar Minuten mit tanzen möchte.

Diese Minuten dauern in der realen Welt eine Ewigkeit – die Zeit verläuft in der Anderwelt nicht wie in der unseren. Es gibt Berichte, nach denen von Elfen eingeladene Menschen Tage in der Anderwelt verbracht haben und als sie zurückkehrten, waren es nur fünf Minuten. Diese Berichte sind aber höchst selten. Meistens ist es genau umgekehrt. Der Besucher der Anderwelt vermeint, nur eine Woche dort geweilt zu haben, während in unserer Welt hundert Jahre oder mehr vergangen sind. Er findet sich dann an einem ihm unbekannten Ort wieder, umgeben von Fremden, die nie von ihm gehört haben. Irgendwann erinnert sich dann wohl ein uraltes Männchen, wie sein Großvater mal von einem Menschen berichtet habe, der spurlos verschwand und genauso hieß wie der Zurückgekehrte. Von der Erkenntnis der vielen verflossenen Jahre überwältigt, zerfällt der Heimkehrer meist schlagartig zu Staub.

Gerät nun jemand in so einen Hexen- oder Feenring, kann ihn ein Freund nach einem Jahr und einem Tag retten. Dieser Freund muss mit einem Fuß auf den Ring treten (auf keinen Fall mit beiden – sonst gerät er auch in den Bann), den Verlorenen, wenn er vorbeitanzt, abfangen und – meist mit Gewalt - herausreißen. Der Tänzer glaubt dann sicherlich, gerade mal eine halbe Stunde getanzt zu haben, und ist verärgert, dass er so schnöde unterbrochen wurde.

Einen Feenring zu betreten ist nicht ungefährlich, es kann viele Jahre dauern, bis ein Sterblicher wieder hinausfindet. Kreisförmig angeordnete Pilze weisen auf einen Feenring hin.

Die Rettung hilft aber nicht über die freudlosen Spätfolgen hinweg. Menschen, die mit den Elfen getanzt haben, finden sich in unserer Welt nicht mehr zurecht und werden wunderlich und abwesend. Sie sind zu nichts Vernünftigem mehr fähig und sitzen nur noch träumend in der Sonne oder hinter dem Ofen. Viele siechen auch dahin in der Sehnsucht nach der Anderwelt und sterben über Jahresfrist.

Anders verhält es sich, wenn ein Mensch von den Elfen entführt und in den Dienst als Knecht oder Amme gezwungen wurde. Solange er es irgendwie schafft, sich menschliche Nahrung zu besorgen, sodass er das Essen seiner Entführer verschmähen kann, ist es möglich, ihn innerhalb von sieben Jahren zu retten.

Meist muss dann Ehemann oder -frau, Bruder oder Vater des Entführten an Halloween, also in der Nacht zum 1. November, an einer bestimmten Kreuzung warten. Welche das ist, erfährt er normalerweise in einer Vision, in der der Entführte ihm erscheint. Kommt dann der Zug der Geister vorüber, muss er den Entführten herausgreifen und fest umfasst halten, auch wenn er sich in ein schreckliches Monster zu verwandeln scheint. Gelingt ihm das, bis der erste Hahn kräht, ist die Erlösung vollbracht.

Übrigens soll auch der Schriftsteller Robert Kirk, der unter anderem „*The Secret Commonwealth of Elves, Fauns and Fairies*" schrieb, von Elfen entführt worden sein. Ein Rettungsversuch schlug aber fehl.

Man kann die Anderwelt besuchen, wenn ihre Tore geöffnet sind. Das klappt am besten an besagtem Halloween, wenn ein Teil der Geister ausreitet und die Türen hinter sich offen lässt. Angst vor Dieben haben sie offenbar nicht.

Findet man nun z. B. einen Hügel sperrangelweit offen, kann man hineingehen, darf aber auf keinen Fall etwas von den dort angerichteten Speisen oder Getränken zu sich nehmen, denn sonst kann man nie wieder zurückkehren.

Dass die Zeit in so einem Hügel anders abläuft, ist anscheinend kein Problem, solange man den Hügel wieder verlässt, bevor er sich wieder schließt.

Wann er sich wieder schließt? Es kann beim ersten Hahnenschrei sein. Es kann aber auch schon eine Stunde nach Mitternacht geschehen. Oder er schließt sich ganz unvermutet, kurz, nachdem eine lauter Knall zu hören war.

Es kam noch keiner zurück, der gesicherte Auskunft geben konnte.

In die Unterwasserreiche der Anderwelt kann man gelangen, indem man mit einer Haselrute an der richtigen Stelle dreimal auf die Wellen schlägt. Dann teilt sich das Wasser und eine Treppe, die nach unten führt, erscheint. Man sollte die Nahrungsaufnahme vermeiden und nicht in Töpfe gucken – denn dort bewahrt der Wassermann gerne seine gefangenen Seelen auf. So eine Seele kann, sobald sich der Deckel hebt, entkommen und ist bestimmt froh darüber. Aber der Wassermann, dem die Seelensammlung gehört, ist darüber nicht so glücklich und seine Rache ist wenig angenehm. Die Idee, die Sammlung mit der Seele des Topfguckers wieder zu vervollständigen, ist ja auch irgendwie nahe liegend.

Ein Besuch der Anderwelt kann auch auf Einladung erfolgen. Nur kann man nicht sicher sein, dass die Elfen vorhaben, einen überhaupt wieder ziehen zu lassen. Manchen Geistern sind auch die Auswirkungen der schneller verlaufenden Zeit gar nicht recht bewusst und so meinen sie es zwar gut, aber der eingeladene Mensch endet trotzdem als ein Häufchen Staub.

Man sollte es sich also gut überlegen, ob man wirklich einen Ausflug in die Anderwelt unternehmen will.

Eine spezielle Sorte unter denen, die an die physische Existenz der Elfen glauben, sind die Anhänger der These, dass es Elfen oder Zwerge nicht nur tatsächlich gibt, sondern dass sie auch noch identisch mit Aliens sind, die in Raumschiffen zu uns kamen. UFO-Forscher, die sich auch für folkloristische Überlieferungen interessieren, haben einige auffällige Ähnlichkeiten zwischen den Wesen, die gelandeten UFOs entstiegen, und den traditionellen Elfen und Kobolden bemerkt. Viele der beschriebenen Aliens sind oft nur einen Meter groß oder kleiner und haben ein definitiv nichtmenschliches Erscheinungsbild. Auch gibt es ja viele Überlieferungen, dass Menschen von den Elfen in ihr Reich entführt worden waren. Dergleichen wird auch von UFO-Wesen berichtet. Spezielle Tarnvorrichtungen schützen sie normalerweise davor, von uns wahrgenommen und erkannt zu werden – wie die Tarn- oder Nebelkappen, die im Zusammenhang mit Zwergen in so mancher Legende erwähnt werden. Also denkt sich eben mancher: Warum nicht?

Okkultismus/Esoterik

Einer Umfrage zufolge glaubt jeder dritte Deutsche daran, dass die Zukunft vorhersagbar ist, jeder Fünfte meint, dass man Verbindung mit dem Jenseits aufnehmen kann, jeder Siebte ist davon überzeugt, dass er magische Kräfte besitzt. Die Grenzen zwischen Aberglauben und Religion verschwimmen. Aus dieser Unsicherheit wächst die Sehnsucht nach mystischen Erklärungen und einer ganzheitlichen Lebenssicht, in der sich verstreute Wissens- und Glaubensfragmente zu einer Einheit zusammenfügen.

Der *Okkultismus* ist die Lehre von den verborgenen, geheimen Dingen, von den unsichtbaren, geheimnisvollen Seiten der Natur und der menschlichen Seele.

So gibt es okkulte Praktiken, mit deren Hilfe Botschaften von Verstorbenen oder Schutzgeistern empfangen werden. Die Astrologie, die aus der Stellung der Gestirne den Charakter eines Menschen sowie dessen Schicksal und Zukunft voraussagt, gehörte ursprünglich genauso dazu wie die Beschwörung von Dämonen oder Schutzgeistern. Auch die schwarzen Messen, die durch rituelle Morde in die Schlagzeilen gerieten, zählen zu den okkulten Praktiken.

Dies hat letztlich auch dazu geführt, dass heute zwischen *Okkultismus* als der dunklen Seite von Natur und Seele und *Esoterik* als der hellen Seite unterschieden wird.

Die Vertreter des *Okkultismus* behaupten, dass nur die Eingeweihten, die spirituell Entwickelten oder wenigstens Aufgeschlossenen über besondere, höhere Einsichten verfügen. Diese sind wiederum die Grundvoraussetzung, um bei einer okkulten Handlung das beabsichtigte Ergebnis zu erzielen. Das Hauptinteresse liegt inzwischen bei der Wiederbelebung alten Wissens z. B. der Alchimisten, antiker Erkenntnisse und vergessener Weisheit. Was aber viele Menschen am Okkultismus fasziniert, ist eigentlich nur ein kleiner Nebenzweig: nämlich die Kontaktaufnahme zu Geistern und Kobolden und deren Beschwörung, vielleicht sogar mit dem Ziel, sie sich dienstbar zu machen.

Das Wort *Esoterik* stammt aus dem Griechischen und bedeutet „nach innen gerichtet". Ursprünglich bezeichnete es das „Geheimwissen", das nur einem Kreis von Eingeweihten zugänglich und verständlich war, wie etwa Priestern, Schamanen und Druiden. Deren Rituale finden nun in die Zeremonien der modernen Esoterik Eingang. Das ist nichts Neues: In allen Religionen gab es Strömungen, deren hermetisches Wissen nur an auserwählte Personen weitergegeben werden durfte. Auch in den großen Religionen existierte magisches, „geheimes" Wissen, die Gnosis im Christentum, die Kabbalistik im Judentum, der Sufismus im Islam.

Der Begriff Esoterik wird heute in zweierlei Bedeutung verwendet.

Einerseits versteht man darunter eine vielfältige Sammlung mystisch-religiöser Lehren und Weltanschauungen. Andererseits steht er für verschiedene Methoden, spirituelle Erfahrungen zu erlangen, die zur Erkenntnis des eigenen Selbst führen. Esoterik bezeichnet das Gebiet der Grenzwissenschaften, der Spiritualität, sowie die Wege und therapeutischen Verfahren, um zu innerer Erkenntnis zu gelangen. Heute versinnbildlicht die Esoterik für viele den Wunsch, ein neues Verständnis für die Natur zu finden und wieder mit ihr und ihren Geistern in Einklang zu leben.

Die Neuen Hexen – Wiccas

Wiccas sind Hexengemeinschaften mit stark religiöser Komponente. Die Wicca-Religion ist durch ausgeprägte Naturverbundenheit gekennzeichnet. Die Große Göttin, die Urmutter spielt darin eine wesentliche Rolle. Für die überzeugten Hexen heißt das sehr viel mehr als Räucherstäbchen anzuzünden. Es handelt sich vielmehr um eine Lebensphilosophie. Die Ausübung von Magie sollte dabei nur ein Teilaspekt sein. Vielfältig sind die Deutungen, die jede einzelne ihrem Hexen-Sein zu geben versucht. Es kann eine tiefe religiöse Verbundenheit sein oder eine innige Liebe zur Natur.

Besonderen Wert wird darauf gelegt, offen für Energieflüsse zu werden und die oberflächliche Wahrnehmung zu relativieren. Es gibt für die Wiccas viele „Wahrheiten", alle haben irgendwo ihren Platz in der „Wirklichkeit". Hexe zu sein bedeutet daher auch, verschiedene Wahrheiten nebeneinander zu akzeptieren und zu tolerieren. Dies beinhaltet auch die Zwischenwelt, den Sitz der Naturgeister, mit denen viele in Kontakt zu treten versuchen. Ein solcher Kontakt ist nach Ansicht vieler neuer Hexen ohnehin unvermeidlich, denn wo man auf alte Rezepte und Riten zurückgreift, bekommt man die Elfen quasi mitgeliefert.

Ethnologie

Auch für die Ethnologie, die Völkerkunde – allerdings weniger für deren wissenschaftliche, vielen zu trockene Seite, sondern für die buntere, anekdotenreiche, volkstümliche – interessieren sich mehr und mehr Menschen. Zwar dürfte das nicht die Sammelleidenschaft zur Folge haben, die die Gebrüder Grimm seinerzeit auslösten – wo sollte man heute auch noch Leute finden, die unbekannte Geschichten aus mündlicher Überlieferung zu erzählen wüssten. Aber das Interesse an Büchern und Schriften von anno dazumal ist gewaltig.

Es gibt verschiedene Theorien, wie es zum volkstümlichen Anderweltglauben kam. Die Sündenbockfunktion ist dabei ein wesentlicher Punkt –

man brauchte jemanden, den man für Erdrutsch, Hagel, Dürre oder Überschwemmung verantwortlich machen konnte.

Als Erklärung für rätselhafte Erscheinungen und Naturereignisse konnte so ein Elf ebenfalls dienen, oder bei behindert geborenen Kindern. Elfen stehen auch mit den Toten in Verbindung, wenn z. B. jemand in einen Kobold verwandelt wurde, wie das Poppele. Und nicht zuletzt hatten die Elfen eine Art moralisch-erzieherische Funktion, indem sie strafend eingriffen, wenn man sich daneben benahm oder zu leichtsinnig wurde. Tabugebiete wurden dadurch ebenso geschützt wie Gefahrenbereiche – tückische Gewässer etwa, oder steile Schluchten. Etliche Geister scheinen wiederum ihren Ursprung in alten Göttern zu haben, etwa aus der Edda.

Nach Ausbreitung des Christentums entstanden neue, christlich inspirierte Legenden über die Herkunft der Elfen. Sie seien gefallene Engel hieß es, die sich beim von Luzifer provozierten Aufstand zwar nicht auf seine Seite schlugen, aber auch nicht energisch gegen ihn vorgingen. Sie verhielten sich neutral. Dafür wurden sie dann auch nicht in die Hölle verbannt, sondern in eine Zwischenwelt. Eine andere Version besagt, dass Adam und Eva eine Unmenge an Kindern gezeugt hätten, und als Gott einmal zu Besuch kam, war Eva darüber so beschämt, dass sie ihm nur die gewaschenen Kinder präsentierte, während die anderen sich auf ihr Geheiß verstecken mussten. Gott, der das natürlich bemerkte, bestimmte daraufhin, dass diese Kinder auch weiterhin versteckt bleiben sollten. So entstanden die Elfen.

Internet

Das Internet ist fest in Elfenhand. Kein Thema, keine Strömung, die nicht darin vertreten wäre. Künstler nutzen es, um ihre Werke zu zeigen. Praktisch jeder Verein, der auf sich hält, hat seine eigene Website (der Freundeskreis Anderwelt selbstverständlich auch – http://www.anderweltler.de), Hexen stellen sich und ihre Riten vor. Man kann sogar Beschwörungen und Zauberformeln finden, mit deren Hilfe man mit Geistern in Kontakt kommen soll. Lassen Sie sich doch mal überraschen!

Und wenn dann der Computer abstürzt, war's bestimmt ein **Gremlin**.

Nein, mit den gleichnamigen Kinomonstern hat er nichts zu tun. Was er dann ist? Er ist einer der neuesten Kobolde. Die British Royal Airforce hatte als Erste mit ihm zu tun, als sie im Zweiten Weltkrieg an der Nordwestgrenze Indiens stationiert war. Sie entlarvte ihn als den Schuldigen für eine nicht enden wollende Reihe von unerklärlichen Zwischenfällen und Defekten an ihren Flugzeugen. Er wird beschrieben als ein Kobold, nicht größer als 40 cm

Gremlins sind weitverbreitet. Die Kobolde treiben ihren Schabernack überall. Im Internet, in Kinofilmen – wie in dieser Szene aus „Gremlins II – Die Rückkehr der kleinen Monster (USA 1989)" – oder gar in Flugzeugen. So geschehen bei der British Royal Airforce im zweiten Weltkrieg. Ein Gremlin war damals verantwortlich für viele technische Defekte in den Flugzeugen.

© Cinetext/Bildarchiv

in roter Jacke und grünen Hosen. Er hat dünnes Haar und guckt immer verärgert drein. Sein enormes technisches Wissen und ein hervorragendes Zeitgefühl ermöglichen es ihm, wichtige Kabel erst in dem Moment durchzubeißen, in dem man sie braucht, die Halterungen der Räder just im Moment der Landung zu ramponieren und Löcher in Tanks zu fressen, wenn es auf jeden Tropfen Treibstoff ankommt.

Eine Abart der Gremlins, der **Spandul**, wird erst bei einer Höhe über Grund von mehr als 3 000 m aktiv.

Und dann sind da noch die **Dingbelles**. Sie tauchten ebenfalls im Zweiten Weltkrieg zum ersten Mal auf, in der Frauendivision des kanadischen Militärs. Diese Koboldinnen waren Meisterinnen darin, z. B. private – sehr private – Telefongespräche über Lautsprecher zu übertragen, das Telefonnetz zu überlasten oder Tasten bei Schreibmaschinen genau dann zu verklemmen, wenn man es furchtbar eilig hatte. Eine Dingebelle nistete sich auch gerne mal in den Handtasche einer Soldatin ein und begleitete sie in den Heimaturlaub. Saß die Dame dann mit ihrem Liebsten Händchen haltend zusammen, nutzte die Dingbelle diesen Moment, um aus der Handtasche die Fotografie eines gut aussehenden Offiziers fallen zu lassen.
　　Eine enge Verwandte der Dingbelle ist **Fifinella**. Sie fliegt gerne in Jagdbombern mit, und kitzelt den Schützen genau in dem Moment, wenn er das Ziel voll im Visier hat. Natürlich verreißt er dann und schießt daneben.

Es ist anzunehmen, dass sich diese Kobolde heutzutage einen neuen Wirkungskreis suchen. Der Verdacht liegt nahe, wenn Aufzüge nie in die Richtung fahren, für die man gedrückt hat, Autos niemals anspringen, wenn es regnet, Toaster durchbrennen oder eben Computer ohne Vorwarnung plötzlich ihre Festplatte löschen.

Außerdem erscheint es unwahrscheinlich, dass es nur diese vier Arten geben soll. Womöglich gibt es ein ganzes Heer von Wesen einer neuen Elfengeneration. Nehmen Sie sich also in Acht. Wer weiß schon, was ein Elf so alles interessant findet ... ·

Auswahlbibliographie

The Vanishing People von Katherine Briggs (1978)

A Dictionary of Fairies von Katherine Briggs (1976)

Spirits, Fairies, Leprechauns, and Goblins von Carol Rose (1996)

Kleines Lexikon der Dämonen und Elementargeister von Leander Petzold (1995)

Les Nains et Les Elfes Au Moyen Age von Claude Lecouteux (1988)

Das große Buch der Naturgeister von Nancy Arrowsmith (2000)

La Grande Encyclopédie des Lutins von Pierre Dubois (1992)

La Grande Encyclopédie des Fées von Pierre Dubois (1996)

The Fairie Kingdom von Celia Haddon (1998)

Deutsche Sagen von den Brüdern Grimm (undatiert)

Deutsche Götter- und Heldensagen von Kurt Eigl (1953)

Deutsche Heldensagen von Gustav Schalk (ca. 1900)

Elfenreigen von Villamaria (undatiert – wohl um 1910)

Die Wunderblume, Nacherzählungen aus der Zeit 1869 - 1924 (1956)

Deutsche Sagen aus Böhmen und Mähren von Vladimir Hulpach (1996)

Alt wie der Wald von Paul Zaunert (1955)

Sagen der verlorenen Heimat von Gerhard Aick (1959)

Sagen aus Kärnten von Georg Graber (1941)

Sagen aus Niederösterreich von J. Leeb (1892) in einer Auflage von 1992

Mythen und Bräuche des Volkes in Österreich von Theodor Vernaleken (1859) in einer Auflage von 1989

Österreichische Volksmärchen und Sagen von Franz Ziska (1906)

Märkische Sagen und Märchen von Adalbert Kuhn (1843)

Schwäbische Volkssagen von Leander Petzold (1990)

Der Sagenschatz der Schwaben von Ludwig Bechstein (1853) in einer Auflage von 1990

Donaugeister von Heinz Neumann (1943)

Aus der Sagenwelt der Donau von Robert Hohlbaum (1941)

Sammlung Bayerischer Sagen und Geschichten von August Wippembeck (1962)

Sagen und Legenden aus dem Böhmerwald von Adalbert Stifter in einer Auflage von 1986

Sagen aus dem Böhmerwald von Hans Kollibabe (1925)

Niederbayerische Sagen von Michael Waltinger (1992)

Altbayerische Sagen des Bezirkslehrervereins München (undatiert, wohl um 1900)

Sagen und Legenden aus dem Fünfseenland von Gisela Schinzel-Penth (1977)

Aus dem Lechrain von Karl Freiherr von Leoprechting (1855) in einer Auflage von 1978

Das Buch Rodenstein von Werner Bergengruen (1950)

Unterharzische Sagen von Dr. Heinrich Pröhle (1856)

Harz-Sagen von K. Henniger un d J. v. Harten (1953)

Sagen vom Harz von Hanns Trautner (1926)

Sagen vom Harz von L. Lins, K.-H. Pigorsch, G. Ruhe und W. Stengel (1963)

Sagen vom Weser-Diemelland und Reinhardswald von Adolf Häger (undatiert, wohl um 1930)

Der Sagenschatz des Frankenlandes von Ludwig Bechstein (1842) in einer Auflage von 1993

Wo Zwerge und Riesen hausten von Etta Bengen (1999)

Sagen und Schwänke vom Schwarzwald von Max Rieple (1965)

Die schönsten Thüringer Sagen von Jochen Nietzold (1986)

Spessart Sagen von Adalbert von Herrlein und Johann Schober (1946)

Sagen und Legenden aus Eifel und Ardennen von Karl Guthausen (1993)

Vineta von Albert Burkhardt (1965)

Die Liebe der Füchsin von Johannes Merkel (1995)

außerdem einige Bücher der Reihe Märchen aus aller Welt vom Bechtermünz Verlag und Rowohlt Verlag, der Reihe Sagen/Märchen aus ... des Diederichs Verlag und der Reihe Märchen, Sagen und Schwänke aus Nordbaden, Ostenau, Breisgau und Markgräflerland vom Schauenburg Verlag

Opernführer von Wilhelm Zentner

Französische Feenmärchen von Madame d'Aulnoy

Le Cabinet des fées ou Collection choisie des contes de fées et autres contes merveil-leux 1785 – 1789

Die Krümelfee von Charles Nodier

Dschinnistan von Christoph Martin Wieland

Undine von Friedrich Baron de la Motte Fouqué

Märchen und Sagen von Karl August Musäus

Sämtliche Märchen von Ludwig Bechstein

Rheinmärchen von Clemens Brentano

Meistererzählungen von E.T.A. Hoffmann

Märchen von Wilhelm Hauff

Gesammelte Märchen von Ludwig Tieck

Zauberei im Herbste – Deutsche Kunstmärchen von Wieland bis Hofmannsthal

*Kindermärche*n von Contessa, Fouqué und E.T.A. Hoffmann

Dämonen, Monster, Fabelwesen – Mittelalter Mythen, Ulrich Müller und Werner Wunderlich (Hg.) (1999)

Troublesome Things von Diane Purkiss (2000)
Rauhnächte von Sigrid Früh (1998)
Einführung in die Sagenforschung von Leander Petzold
Fairies von Janet Bord (1997)
Das geheimnisvolle Reich der Naturgeister von Sigrid Lechner-Knecht (1997)
Zauberkräuter von Hans Schöpf
Kleines Lexikon des Hexenwesens von Ditte und Giovanni Bandini
Hexenspruch und Zauberbann von Hermann Frischbier
De Occulta von Agrippa von Nettesheim
Enchantment of the Faerie Realm von Ted Andrews
Fairy Spells von Claire Nahmad

Quellen im Internet (eine kleine Auswahl)

Sagen: www.sagen.at
www.allgaeuwebsen.de/hoigata/gschichtn/sagen.htm
www.mythologie.de
www.dhm.de/pipermail/demuseum/2000-July/000221.html

Wicca: www.wicca.de
www.wicca.com
www.wicca.org
www.hexenzirkel.org
www.skeptischeecke.de/Worterbuch/Wicca/wicca.html

Brüder Grimm:
www.brueder-grimm-gesellschaft.de
www.grimm-museum.de
www.grimmnetz.de
gutenberg.spiegel.de/autoren/grimm.htm

Opern, Ballett und klassische Musik:
www.stabi-ludwigsburg.de/kultur.htm
www.musikkonzept.de
www.crescendo-online.de
www.karadar.net
www.mnc.net/norway/EHG.htm

Rollenspiele:

    www.fantasy-rollenspiel.de

    www.drosi.de

    www.rollenspiel-portal.de

    www.der-sucher.de

Einige Künstler:

    Ruth Schuhmann – Sorcerer's Grove
    www.grovers.info.de

    Annie James – Wendland Fairies
    www.geocities.com/entla

    Wendy and Brian Froud – The World of Froud
    www.faeries.net

    Terry Pratchett and his Discworld
    www.co.uk.lspace.org

    Edoras Art-Galerie
    www.edoras-art.de

    Tolkiens Herr der Ringe
    www.herrderringe.de

Vereine: *Freundeskreis Anderwelt*
    www.anderweltler.de

    Erster Deutscher Fantasy Club e.V.
    www.edfc.de

    Fantasy Club e.V.
    www.follow.org

    Europäische Märchengesellschaft
    www.maerchen-emg.de

    Förderkreis Phantastik in Wetzlar e.V.
    www.wetzlar.de/phbiblwz/institut/foerderkreisphantastik.htm

    British Fantasy Society
    www.britishfantasysociety.org.uk

    Deutsche Tolkien Gesellschft e.V.
    www.tolkiengesellschaft.de

und natürlich die Lektüre von *„Der Herr der Ringe"* von J.R.R. Tolkien, Harry Potter – Bd. 1 – 4 von J. K. Rowlings, die Bücher des *„Scheibenwelt-Zyklus"* von Terry Pratchett, diverse Bücher von Robert Asprin, David Eddings, Bernhard Hennen, Tom Holt, Fritz Leiber und noch vielen anderen.

Bildnachweis

1 Adolf Höfer: In Jugend (1897 - 1898) **9** Andrew Whitson: aus: Bob Curran: Kleines Handbuch der irischen Elfen, Eulen Verlag 2002 **12** Moritz von Schwind (1804 - 1871), Rübezahl um 1845 **13** Ludwig Richter (1803 - 1884), Rübezahl 1848 **14** Arthur Rackham (1867-1939) „Zwerg Alberich", 1911 **16** Alexander von Volborth: Heideprinzess im Zwergenreich, in der Reihe Dietrichs Münchner Künstler-Bilderbuch um 1900 **18** Henry Maynell Rheam: (1859 - 1920) „Es war einmal" **21** Andrew Whitson: aus: Bob Curran: Kleines Handbuch der irischen Elfen, Eulen Verlag 2002 **22** Arthur Rackham (1867 - 1939): Das Werben um Grimhilde, der Mutter von Hagen (1911) **22** Arthur Rackham (1867 - 1939): Siegfried tötet Fafnir (1911) **26** Richard Doyle (1824 - 1883): Der Elfenbaum **28** Aubrey Beardsley: Der Tod des Arthur (1893 - 94) **30** Moritz von Schwind (1804 -1871): links: Waldnymphe Krokowa (um 1831) **30** Moritz von Schwind (1804 - 1871): rechts: König Krokus und die Waldnymphe (um 1831), Schackgallerie München **31** Ida Rebtoul Outhwaite: Die Zauberwelt der Elfen und Feen (S. 52), Eulen Verlag 2002 **32** Alfred Garth Jones: aus: John Milton´s kleine Gedichte (1898) **33** William Holmes Sullivan: Der Tanz der kleinen Leute (1908) **36** Ruth Schuhmann: Moosweiblein **39** Moritz von Schwind (1804 - 1871): Im Walde (Des Knaben Wunderhorn) um 1848, Schackgallerie München **40** Ludwig Schnorr von Carolsfeld (1794 - 1872): Der Erlkönig (1834) **41** Richard Dadd (1819 - 1887): Komm zu diesem gelben Strand **42** Andrew Whitson: aus: Bob Curran: Kleines Handbuch der irischen Elfen, Eulen Verlag 2002 **44** Andrew Whitson: aus: Bob Curran: Kleines Handbuch der irischen Elfen, Eulen Verlag 2002 **45** Andrew Whitson: aus: Bob Curran: Kleines Handbuch der irischen Elfen, Eulen Verlag 2002 **48** Sir Joseph Noel Paton (1821 - 1901): Der Streit zwischen Oberon und Titania (1849) **49** Sir Yoshua Reynolds (1732 - 1792): Puck (1798) **50** Sir Joseph Noel Paton (1821 - 1901): Die Versöhnung Oberon und Titania (1847) **53** Rosa C. Petherick: Des Pixis Speise **55** Arthur Rackham (1867 - 1939): Die alte Squaw braut Wolken in schwarz und blau (1904) **56** Johann Vincenz Cissar: aus: Stimmen und Bilder, München 1898 **57** Amelia M. Bowerley: Goblins Ernte (um 1919) **60** Ernst Kreidolf (1863 - 1956): Zwei Feinde im Anblick de Vollmondes, Blatt 8 die Wiesenzwerge (1902) **62** Ernst Kreidolf (1863 - 1956): Pflanzenstudie aus dem Botanikheft (1878) **64** Ernst Kreidolf (1863 - 1956): Schlüsselblume und Enziane (1894) **67** Andrew Whitson: aus: Bob Curran: Kleines Handbuch der irischen Elfen, Eulen Verlag 2002 **67** Andrew Whitson: aus: Bob Curran: Kleines Handbuch der irischen Elfen, Eulen Verlag 2002 **69** Daniel MacLise (1806 - 1870): Die Zeit, die ich beim Werben verloren habe **74** Ida Rentoul Outhwaite: Die Zauberwelt der Elfen und Feen (S.40), Eulen Verlag 2002 **76** Johann Heinrich Füssli (1741 - 1825): der Nachtmahr (1782) **79** Andrew Whitson: aus: Bob Curran: Kleines Handbuch der irischen Elfen, Eulen Verlag 2002 **81** Ida Rentoul Outhwaite: Die Zauberwelt der Elfen und Feen (S. 48), Eulen Verlag 2002 **82** Alexander von Volborth:Der Nixenkönig, in der Reihe Dietrichs Münchner Künstler-Bilderbuch um 1900 **83** Arthur Rackham (1867 - 1939): Juwelen aus der Tiefe (1909) **62** Ernst Kreidolf (1863 - 1956): Am Bergsee, Blatt 4 Traumgestalten (1921) **90** Arnold Böcklin (18271901): Triton und Neiride (1873/74) **92** Andrew Whitson: aus: Bob Curran: Kleines Handbuch der irischen Elfen, Eulen Verlag 2002 **93** Andrew Whitson: aus: Bob Curran: Kleines Handbuch der irischen Elfen, Eulen Verlag 2002 **96** Arthur Rackham (1867 - 1939): Undine (1909) **97** Arthur Rackham (1867 - 1939): Peer Gynt (1936) **100** Andrew Whitson: aus: Bob Curran: Kleines Handbuch der irischen Elfen, Eulen Verlag 2002 **101** Andrew Whitson: aus: Bob Curran: Kleines Handbuch der irischen Elfen, Eulen Verlag 2002 **103** Arthur Rackham (1867 - 1939): Die Kaatskill Berge wurden immer gejagt (1904) **105** Arthur Rackham (1867-1939): Weihnachtsmann (1907) **108** Eslie Wright: Frances und die Elfen (1917) **110** Ida Rentoul Outhwaite: Die Zauberwelt der Elfen und Feen (S. 34), Eulen Verlag 2002 **111** Wolfgang Weitzel: PflanzenTräume, Ederswiler, Schweiz **112** Lazlo Borka:Feen Birsfelden, Schweiz **113** links: Karin Dickel-Jonasch: Scherenschnitt, Maintal **113** rechts: Claude Gengler: Bascharage, Luxemburg **114** Ruth Schuhmann: Waldnymphe und Hausgeist, München **114** Brian Sibley: Der Herr der Ringe – Wie der Film gemacht wurde, Klett-Cotta, 2002 **118** Joanne K. Rowlings. Harry Potter, Bd. 1-4, Carlsen Verlag, Umschlagillustrationen von Sabine Wilharm **121** links: Walt Disney: Schneewittchen und die 7 Zwerge, USA 1973, Disney/ct-Archiv **121** rechts: Walt Disney: Peter Pan – Neue Abenteuer im Nimmerlans, USA 2002, Disney/ct-Archiv **123** Szene aus der „Dunkle Kristall" von Jim Henson, USA 1982, Cinetext Bildarchiv **125** Szene aus „Die Legende" von Ridley Scott, GB 1985, Cinetext Bildarchiv **127** Mit freundlicher Genehmigung der Firma Underberg **140** Szene aus Gremlins II – die Rückkehr der kleinen Monster (USA 1989), Cinetext/Bildarchiv **144** Andrew Whitson: aus: Bob Curran: Kleines Handbuch der irischen Elfen, Eulen Verlag 2002.